Active

GERMAN

Paul Gaffney Gerard O'Hanlon

LONGMAN GROUP UK LIMITED
*Longman House, Burnt Mill, Harlow, Essex, CM20 2JE, England
and Associated Companies throughout the World.*

First published 1991
ISBN 0 582 03140 0

*Set in 10/12 Palatino (Linotron)
Produced by Longman Singapore Publishers Pte Ltd
Printed in Singapore*

Acknowledgements

We are grateful to the following for permission to reproduce photographs:
All-Sport, page 89 (photo: Didier Givois); Bavaria-Verlag, pages 78 *left*, 78 *right*, 79 (photo:
J. Clarke), 86 (photo: S. Bohnacker); Colorsport, pages 5, 8; IFA-Bilderteam, page 78 *centre*.

Designed by Heather Richards.
Illustrated by John Grisenthwaite.

Contents

Person to person . . .
Personal details

Suche Freundschaft ▼

Julia, 14½J., Stuttgart
1 Schwester
1 Katze, 1 Hamster
schlank, gut aussehend, nett
Kunst, Tanzen, Musik

Holger, 17J., Essen
2 Schwestern
1 Kaninchen
fleißig, intelligent, freundlich
amerikanischer Fußball, Eishockey

Birgit, 15J., Köln
2 Brüder, 1 Schwester,
1 Hund
sportlich, lustig, freundlich
Volleyball, Discomusik

Anna, 16J., Aachen
keine Geschwister
1 Meerschweinchen
humorvoll, modebewußt
Lesen, Popmusik,
Platten sammeln, Mode

Stefan, 16J., Frankfurt
Einzelkind
keine Tiere
musikalisch, vielseitig interessiert
Gitarre und Flöte spielen
Popmusik, Fahrrad fahren

Hans-Dieter, 16J., Leipzig
1 Schwester
keine Haustiere
ehrlich, neugierig, freundlich
Fotografieren, Radio hören,
Klavier spielen, Malen

Tobias, 15J., Bonn
2 Brüder
ca. 20 Fische
humorvoll, sympathisch
Fernsehen, Rock- und Popmusik
Schlagzeug spielen

Elisabeth, 15½J., Halle
1 Bruder, 1 Schwester
2 Katzen, 1 Pferd
glücklich, lebhaft, gut gelaunt
Kino, Fernsehen, Tanzen, Schwimmen

1 Which of the above people would
   you describe as:
   a) indoor people?
   b) outdoor people?
2 Which of the following adjectives
   do they use to describe
   themselves? humorous/slim/
   hard-working/friendly/lazy/
   honest
3 Which of the above people might
   link up, given their descriptions?
4 Fill in a form like the one on the
   right, giving details about
   yourself. Use the descriptions
   above to help you.

Nachname *Müller*   Alter   *14*
Vorname *Sonja*
Adresse *Bornstr. 1 AACHEN*   Land   *BRD*
Postleitzahl *5100*   Telefon   *568124*
Interesson und Hobbys *mag spazieren, joggen*
und die meisten Sportarten, die man
im Freien machen kann ... bin lebhaft
und nie langweilig!

Peter der Grosse . . . Der zweimillionen Pfund Mann   ▼

Paß

Name: Beardsley
Vorname: Peter Andrew
Geburtsdatum: 18. Januar 1961
Geburtsort: Longbenton,
                Newcastle upon Tyne
Größe: 1,77 m
Gewicht: 76 kg
Augenfarbe: braun
Name seiner Frau: Sandra
Kinder: keine
Geschwister: 2 Brüder; Ronnie und George
                 1 Schwester; Sandra
Schule: Longbenton High School
Auto: BMW
Lieblingssportarten: Golf und Cricket
Lieblingssänger: Whitney Houston
Lieblingsfernsehsendung: East Enders
Lieblingsessen: Rostbeef mit Kartoffeln und Gemüse

‚Er ist ein sehr guter Spieler, hat zwei gute Füße und ist sehr schnell über fünf oder sechs Meter.'

(*Jack Charlton*)

‚Er ist schon fast der beste Spieler in England im Moment . . . und preiswert für zwei Millionen. Er ist eine super-freundliche Persönlichkeit . . . Liverpool ist gut für ihn, und er ist gut für Liverpool.'

(*Bobby Robson*)

‚Peter ist ein wunderbarer, brillianter Spieler, der jedes Jahr besser wird.'

(*David McCreery*)

1 How old is Peter?
2 Where was he born?
3 Is he married?
4 Does he have any children?
5 What are his favourite sports?
6 What is his favourite TV programme?
7 How is he described? Choose from the following words:
  gifted/fast/talented/friendly/athletic.

▷ Now make up your own *Paß* using the headings above.

Wie heißt sie?   ▼

Sie ist klein und nicht sehr schlank. Sie hat lange, blonde Haare, blaue Augen und eine große Nase. Sie ist ein Schwein und hat einen Freund, der ein Frosch ist.

Sie heißt . . . .

Gesucht ▼

H i l f e !!!

**Letzten Donnerstag um 10.00 Uhr morgens hat ein Bankräuber
eine Bank in der Bahnhofstraße überfallen. Er hatte eine Pistole
und hat 200.000 DM gestohlen. Bitte helfen Sie uns, ihn zu
identifizieren. Er ist ungefähr fünfundfünfzig Jahre alt, große und
schlank. Er hat lange, schwarze Haare, einen Bart und eine große
Nase.
Er hat große, dunkle Augen und trägt eine Brille.
Vorsicht! Dieser Mann ist bewaffnet und gefährlich.**

▷ Which of the above
pictures is most
like the person
described as having
robbed the bank?

Ich stelle mich vor ▼

Complete each sentence choosing the appropriate ending from the box.

1 Tag, ich heiße . . .
2 Ich bin fünfzehn . . .
3 Ich wohne . . .
4 Ich habe einen Bruder, . . .
5 Ich habe schwarze . . .
6 Ich bin . . .
7 Ich bin in der zweiten Klasse . . .
8 Mein Vater arbeitet . . .
9 Ich bin sportlich . . .
10 Ich liebe . . .
11 Am Wochenende gehe ich . . .
12 Ich hasse es, . . .
13 In der Schule liebe ich . . .

in einer Realschule.
er ist sechs Jahre alt.
Popmusik.
sehr groß und dünn.
in einem Büro
Englisch und Französisch.
in die Stadt mit meinen Freunden.
Montag in die Schule gehen zu müssen.
in einem kleinen Dorf.
Michael.
Jahre alt.
Haare und blaue Augen.
und ich spiele Tennis im Sommer und
    Fußball im Winter.

▷ How would you complete the sentences if you were talking about yourself?

Der ideale Mann – Die ideale Frau ▼

Hast du dich je gefragt, was für Qualitäten du bei einem Menschen suchst? Was macht ein Mädchen oder einen Jungen schön in deinen Augen? Was macht dich an?

Wir haben eine Umfrage bei einer Gruppe Jugendlicher gemacht und sie um ihre Meinungen gebeten. Hier sind einige davon:

Er oder sie muß:

– gut aussehen
– humorvoll und nicht zu ernst sein
– interessant und nicht langweilig sein
– Charakter haben
– modisch sein
– stark und muskulös sein
– intelligent sein
– zärtlich und romantisch sein

1 Write the above qualities in the order you feel they should be listed.
2 Can you think of any qualities, in German, that should be added to the list?
3 Describe your ideal person using the above vocabulary to help you.
4 Now ask other members of your class for their views about *der ideale Mann* and *die ideale Frau*.

? ? ? ? ? Wer sind sie ? ? ? ? ?

Er ist groß und schwarz-weiß. Er hat vier Beine, kleine Ohren, kleine graue Augen und einen großen Mund. Er ist ein Kater. Der andere ist klein und grau. Er hat graue Augen, vier Beine und eine kleine rosa Nase. Du kannst sie in Cartoons im Fernsehen sehen.

Sie heißen ....

Steffi Graf . . .

Geboren am 14. Juni 1969 in Brühl bei Heidelberg, wo sie noch heute wohnt. Sie hat blondes Haar, ist 1,70 m groß und wiegt 58 kg. Steffi wird als sehr gute Sportlerin bezeichnet und wird von ihrem Vater, Peter Graf, trainiert. Ihr Vater ist professioneller Trainer und hat seine eigene Sportschule. Schon mit sechs Jahren hat sie ihr erstes Tennisturnier gewonnen und bereits mit 14 Jahren hatte sie einen Platz in der Weltrangliste (214). 1985 gehörte sie zu den sechs besten Tennisspielerinnen der Welt. 1986 gewann sie gegen Martina Navratilova und Chris Evert Lloyd und hat ihren Platz unter den drei besten Spielerinnen der Welt. 1988 hat sie Wimbledon zum ersten Mal gewonnen!

Hier sind die Meinungen von verschiedenen Leuten über sie:

> „Sie ist wunderbar und spielt ein sehr gutes Tennis."
> „Ich finde, sie hat einen sehr guten Stil."
> „Für mich ist sie die Nummer Eins."
> „Sie gefällt mir, weil sie gut spielt und nicht arrogant ist."
> „Sie ist jung und schön und weiß was sie will."
> „Ich mag sie, weil sie Talent und Charme hat und weil sie sehr diszipliniert ist."
> „Sie ist populär, weil sie freundlich und nicht launisch ist."

1 Describe Steffi Graf.
2 When did Steffi win her first tournament?
3 Who is her trainer?
4 How old was she when she was awarded a ranking in world tennis?
5 Which two other world class players did she win against to become one of the three best women's singles players in the world?
6 Which of the following words are used to describe her?
  rich/beautiful/likeable/young/experienced/shy/determined
7 Describe your own favourite sportsperson in German.

Allein auf einer Insel   ▼

Stell dir vor, du bist allein auf einer einsamen
Insel wie die berühmten Persönlichkeiten der
bekannten Radiosendung ‚Desert Island
Discs'. ABER, statt deine Lieblingsplatten
sollst du den Menschen wählen, mit dem du
am liebsten zusammen sein würdest. Wir
haben einige Leute um ihre Meinungen
gebeten. Hier sind ihre Antworten:

★ <u>Tom Cruise</u> **Er ist stark, muskulös und gut
  aussehend. Er würde mir helfen, immer
  glücklich zu sein.**

★ <u>Anneka Rice</u> **Sie ist interessant und
  lebhaft und sie hat einen Hubschrauber.**

★ <u>Superman</u> **Er ist wunderbar, stark und
  mutig. Mit ihm hätte ich keine Angst und
  er könnte mich nach Hause fliegen.**

★ <u>Meine Mutter</u> **Sie ist fleißig, immer gut
  gelaunt und lieb. Sie versteht mich und
  würde die ganze Arbeit machen.**

★ <u>Harrison Ford</u> **Er ist mutig und intelligent.
  Es wäre schön, mit ihm zu sein.**

★ <u>Eddie Murphy</u> **Er ist sehr lustig. Wenn ich
  traurig wäre, würde er mich sofort wieder
  lustig und glücklich machen.**

1 Which of the above characters (if any) are described as:
  funny/happy/good-looking/practical/lively/
  hard-working/brave/gentle/friendly/honest?
2 Which characters were picked because they would be useful when it
  came to escaping from the island?
3 Choose the person that you would most like to be with on a desert
  island and, in German, give reasons for your choice.
4 In German, ask other pupils in your class for their choice of person and
  their reasons for choosing that person.

Traumpartner!

Sind Sie einsam? Suchen Sie noch Ihren Adam oder Ihre Eva? Wir können Ihnen mit Hilfe unserer Experten und Computerdaten helfen, den idealen Partner zu finden. Füllen Sie dieses Formular aus und senden Sie es an uns zurück. In Deutschland haben wir schon seit 1965 Erfahrungen mit unserer Computer-Partner-Aktion.

Der jüngste Teilnehmer war 18, der älteste 84 Jahre alt!

‚Traumpartner hat uns zusammengebracht. Wir sind nun schon zehn Jahre glücklich verheiratet'
(Willi Meyer, Essen)

‚Bei mir war es Liebe auf den ersten Blick. Herzlichen Dank!'
(Thomas Stein, Bonn)

‚Traumpartner war wirklich das Richtige für uns. Wir haben gerade unseren ersten Hochzeitstag gefeiert'
(Sylvie Schneider, Köln)

1 Herr ☐ Frau ☑ Fräulein ☐

Nachname *Schmidt*

Vorname *Waltraut*

Straße *Amselweg 5*

Stadt *München*

Telefon *235784* Nationalität *deutsch*

2 *Persönliche Auskünfte*

Geburtsdatum *25. 5. 1976* Haarfarbe *braun*

Größe in cm: *170* Gewicht in kg: *58*

3 *Wie sind Sie? (maximal fünf Angaben)*

☑ häuslich	☐ scheu	☑ intelligent
☐ natürlich	☐ faul	☐ glücklich
☐ solide	☑ lustig	☐ romantisch
☑ fleißig	☐ freundlich	☑ spontan

4 *Ihre Interessen (maximal je fünf Angaben)*

☑ Musik	☐ Religion	☐ Sammeln
☐ Theater	☐ Museen	☑ Tanzen
☑ Kino	☐ Sport	☑ Lesen
☐ Fernsehen	☐ Handarbeiten	☐ Spazieren
☐ Politik	☑ Fotografieren	☐ Kochen

1 What service does *Traumpartner* offer?
2 What does Willi Meyer say about their service?
3 In English, briefly describe the person who has filled in the form.
4 What is the cartoon's message?
5 How would you have filled in the form in German? Which details would you have given about yourself and your interests?

Quiz . . . Quiz . . . Quiz . . . Quiz . . .   ▼

Not every famous person is known by his or her original name. Michael
Caine, for example, started life as Maurice Micklewhite. Read the
following descriptions and decide who the people are.

RICHARD STARKEY

Er wurde 1940 in Liverpool geboren. Normalerweise hat er einen Bart,
manchmal trägt er eine Brille. Er hat ziemlich langes Haar und eine große
Nase. Er ist ein berühmter Musiker, aber tritt jetzt in Kinderprogrammen
auf. Er heißt . . .

a) Mick Jagger   b) Ringo Starr   c) Meatloaf

NORMA JEAN BAKER

Sie wurde 1926 geboren und starb 1962. Sie war groß und wunderschön
und hatte langes, blondes Haar. Sie war amerikanische Schauspielerin
und war sehr berühmt. Sie heißt . . .

a) Marilyn Monroe   b) Joan Collins   c) Jane Fonda

MARION MORRISON

Er wurde 1907 geboren und starb 1982. Er war sehr groß, gut gebaut und
stark. Er hatte braunes Haar, hatte aber keinen Bart und keine Brille. Er
war ein bekannter amerikanischer Schauspieler und hatte den
Spitznamen 'Duke'. Er heißt . . .

a) Roger Moore   b) Kirk Douglas   c) John Wayne

REGINALD DWIGHT

Er wurde 1942 in England geboren. Er ist ziemlich klein und dick, trägt
eine Brille und hat 'normalerweise' eine Glatze. Er trägt oft und gern
einen Hut und ganz ausgeflippte Kleider. Er ist ein Pop Star. Er heißt . . .

a) Sting   b) Bob Geldof   c) Elton John

ANN FRANCES ROBINS

Sie wurde in den USA geboren. Als Schauspielerin hatte sie den Namen
‚Davis'. Sie war sehr schön und eine Schönheitskönigin. Sie ist klein und
schlank, trägt keine Brille und ist immer schick angezogen. Ihr Mann
wurde ein berühmter Politiker. Sie heißt . . .

a) Nancy Reagan   b) Linda Gray   c) Cher

. . . . the answers are on page 13 – no cheating!

Kleinanzeigen ▼

‚Ich will Dich und das für immer.' Sandra, 25 Jahre, sucht netten Freund mit denselben Interessen: Musik, Sport, Spazierengehen, Tiere und Natur. Nichtraucher.

Essen

Charmante Witwe, 50 Jahre, sehr attraktiv, jung geblieben, graue Haare, gute Figur, sucht Partner zwischen 50 und 60 Jahren alt.

Wuppertal

Andrea, 20 Jahre alt, 1,64 m groß, Studentin, sehr hübsch, schlank und sonnengebräunt mit langen, blonden Haaren und blauen Augen. Ich mag Discos, bin sportlich, offen und spontan. Suche lieben Partner. Schreibe bitte.

Iserlohn-Rheinen

Lothar, 30 Jahre, 1,74 m, sucht junge Dame für feste Partnerschaft. Interessen: Musik (Klassische und andere), Sport und Natur. Nichttrinker.

Bonn

Rentner, 60 Jahre alt, lebenslustig und jung geblieben. Mag Singen, Tanzen und Reisen. Sucht nette, charmante Partnerin.

Köln

1 From these lonely hearts advertisements, which of the people would you suggest get in touch with the following:
   a) a young man looking for a lively partner with lots of interests
   b) a young woman who would like a stable relationship
   Give reasons for your choices.
2 Look carefully at the advertisements and match as many of the people together as possible.
3 Using the advertisements, write a description of yourself, in German, for a lonely hearts advertisement in about 30 or 40 words. *Remember* – you can use the same shorthand style that these people have written in.

‚Keine Angst-ich bin nur hier, um die Torte anzuschneiden'

‚Es kommt nicht oft vor, daß sie zusammen ausgehen!'

Brieffreunde . . . Persönliche Details ▼

Grüß Dich! Ich heiße Claudia und wohne in Bonn.
Bonn ist die Hauptstadt der Bundesrepublik Deutschland.
Es ist nur eine kleine Stadt, aber wir haben unser Parlament
hier. Wir sagen „Bundestag" dazu.

Ich bin vierzehn Jahre alt und ich wohne mit meiner
Familie in einem Einfamilienhaus. Ich habe einen Bruder,
der Peter heißt. Er ist fünfzehn Jahre alt. Er treibt gern Sport,
sieht gern fern und hat Mädchen gern! Mein Vater ist Lehrer.
Er arbeitet in einer großen Gesamtschule. Meine Mutter ist
Krankenschwester. Sie fährt mit ihrem Auto und besucht
kranke Leute. Ich habe viel Freizeit und bin oft mit meinen
Freunden zusammen. Sonnabends gehe ich zur Tanzschule.
Ich mag auch Musik, Mode und spiele gern Schach.
Ich hasse Alkohol und Zigaretten. Ich bin groß und habe
lange blonde Haare und blaue Augen. Meine Lieblingsfarbe
ist schwarz.
Ich hoffe, bald von Dir zu hören.
          Mit lieben Grüßen,
          Claudia

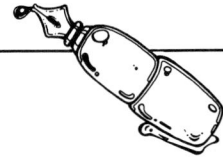

1 Where does Claudia live and what does she say about the area?
2 What does she tell you about her brother?
3 What do her parents do for a living?
4 What are her interests?
5 How does she describe herself?
6 Using the letter as a model, write a letter giving details of where you
  live, your age, brothers and sisters, interests, physical appearance etc.

Role-play practice

Make up answers to the following questions and practise the role play with a partner or other members of your class. The start of each answer has been given.

1 Wie heißt du?
   – Ich heiße . . .
2 Wie alt bist du?
   – Ich bin . . .
3 Wann und wo bist du geboren?
   – Ich bin am . . . in . . .
4 Wo wohnst du?
   – Ich wohne . . .
5 Beschreibe wo du wohnst!
   – Es ist . . .
6 Beschreibe dich selbst!
   – Ich bin . . .
7 Hast du Haustiere?
   – Ich habe . . .
8 Hast du Geschwister? Beschreibe sie!
   – Ja, ich habe . . . Er/sie ist . . .
9 Was für Interessen hast du?
   – Ich interessiere mich für . . .
10 Was machst du gern am Wochenende oder nach der Schule?
   – Ich gehe gern . . .

▷ With a partner, make up a conversation between the two characters in the cartoon below. They've met for the first time . . .

Entdecken Sie Ihren Traumpartner

Sein/ihr Alter: ....

Mindestalter: ....

Höchstalter: ....

Die Interessen, die Sie mit Ihrem Traumpartner gern teilen würden:

- ☐ Ihre Arbeit
- ☐ Abends ausgehen
- ☐ Gespräche führen
- ☐ Kino
- ☐ Lesen

- ☐ Freunde
- ☐ Wandern
- ☐ Reisen
- ☐ Tiere
- ☐ Sport

Sie sind:

- ☐ warmherzig
- ☐ scheu
- ☐ modebewußt
- ☐ lustig

- ☐ ernsthaft
- ☐ romantisch
- ☐ abenteuerlich
- ☐ extrovertiert

Nachname .... Vorname ....

Adresse ....

....

Tel: ....

Alter .... Gewicht .... Größe ....

Now that you have completed the topic, see how much of the above advertisements you can understand.

How would you reply to the *Institut Sonne*?

How have the above people described themselves?

How would you fill in the form?

House and home

Kleinanzeigen ▼

Franz. Bett, 1,30 m breit, braun, mit Bettkasten f. 20 DM zu verk. ☎ 02052/41 73.

Gebrauchter Schreibtisch, 100,-DM; Elektroöfen, Stück 100,-DM ☎ Velbert 5 74 44 oder 5 26 75.

Mod. Eßgruppe Eiche grün, Tisch u. 6 Lederstühle schw. zu verk., ☎ 02102/6 91 40.

Mod. Schlafcouch, grau/rot, 1 Jahr alt, 2 schw. Stahlreg., 1 alter Schreibtisch u. 1 guterh. Küchenherd preisgünstig zu verk. ☎ 02053/8 04 20.

Achtung Gelegenheit! Verk. umständehalb. 1 J. alten rust. Eichen-Wohnzi.-Schrank, NP 4000,- f. nur 2000,-. ☎ 02051/6 43 56.

Aus Platzmangel zu verkaufen: 2sitz. ausklappb. Schlafcouch, dunkelbrauner geblühmter Feincordstoff, NP 900,- VK 350,-; Schaukelstuhl helles Holz NP 600,-, VK 200,-; Gummibaum ca. 2 m h. 60,-; Schlangenkaktus. 1,50 m h., 40,-; kl. Küchentisch 20,-; 2 alte Eichennachtschränke 20,-, ☎ 02051/8 28 27.

Doppel-Leder-Schlafcouch w. Platzmangel zu verk. 500 DM. Freitag, ☎ 02056/6 92 48, ab 15 Uhr.

Schlafsofa, 2-Sitzer, 1.60 × 0.90 m, ausziehbar, auf Lattenrost, mit Bettkasten, Fb. braun, für 250 DM zu verk. Anruf ab 19 Uhr. ☎ Velbert 6 38 86 vorm.

Stabiler, geräumiger Büroschreibtisch u. Stuhl f. 100,-DM in 4–6 Wochen abzugeben. ☎ 02054/8 49 43.

Neuer Staubsauger (Siemens Elektronic) zu verk. ☎ 02051

2sitz.-Sofa, auskl. z. Schlafen, bl.-weiß Tupfen 100,-DM; schw./weiß Ferns., 63er Bild, a. Fuß 60,-DM; Playm.-Schiff 40,- DM. ☎ 02051/6 18 31.

1 Which number(s) would you ring if you wanted the following:
   a) a sofa-bed for less than 300 DM
   b) a vacuum cleaner
   c) a kitchen table
   d) a desk for less than 150 DM

2 In order to save space and therefore money, people use a lot of abbreviations in small advertisements. The following were all used in the column above. What do they mean?
schw. verk. vorm. u. ca. J.
f. NP m. h. bl.

▷ Link up the furniture below with the room that you feel it should go into. Can you think of any furniture that you could add to the list? Using this vocabulary, describe a room in your house.

– Bücherregal – Kochherd – Küchenschrank
– Badewanne – Bett – Kinderbett – Stehlampe
– Kühlschrank – Schreibtisch – Waschbecken – Tisch
– Sessel und Sofa – Hi-Fi System – Kleiderschrank
– Fernsehgerät – Nachttisch – Gartentisch u. Stühle
– Grünpflanzen

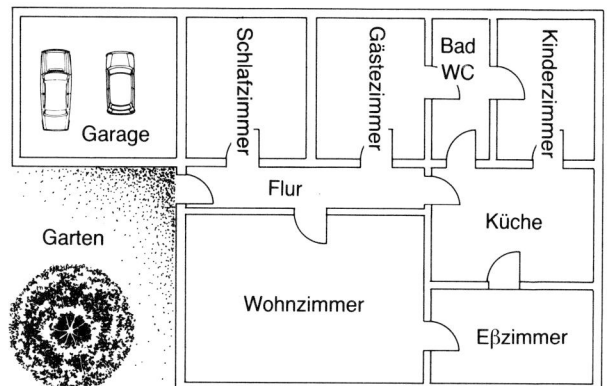

Umzug . . . Umzug . . . Umzug .. . Umzug . . . ▼

MEIER FÜR UMZÜGE
Schnell und Preiswert

2 Kleiderschränke
1 Sofa
4 Bücherregale
1 Farbfernseher
2 Stühle
1 Tisch
1 Doppelbett
1 Einzelbett
1 Kühlschrank
1 Waschmaschine
1 Schreibtisch
2 Teppiche

2 wardrobes/1 sofa/2 bookcases/1 colour TV/
2 stools/3 carpets/1 double bed/2 single beds/
1 fridge/1 washing machine/1 writing desk/
4 chairs and a dining table

The list on the left is what the Meier removals
van delivered – the list above is what should
have arrived!
What hasn't arrived – and what has been
delivered by mistake?

Ziehen Sie um?

Dann füllen Sie bitte das Formular aus, kleben Sie es auf
eine Postkarte und schicken
Sie es an folgende Adresse:

**ADAC e.V.
»Bin umgezogen«
8000 München 100**

Bitte
unbedingt
angeben

| | | | | | | | |

▲ Mitgliedsnummer

2 2 0 7 6 0

▲ Geburtsdatum

Name, Vorname *Schulze, Paul*

**Alte
Anschrift:** Straße, Hs.-Nr. *Mainstr. 23*

4 5 3 0 PLZ Ort *Essen*

umgezogen ab/seit ▶ **0 3 0 2 8 8**

**Neue
Anschrift:** Straße, Hs.-Nr. *Mainstr. 23*

4 5 3 0 PLZ Ort *Essen*

Bitte nur dann ausfüllen, wenn Sie uns bereits eine Beitrags-
einzugsermächtigung erteilt haben und sich durch den Umzug
Ihre Bankverbindung ändert:

1 2 3 5 - 8 4 9   **5 3 7 - 4 8 - 5 7 8**

Neue Bankleitzahl   **Konto-Nummer**

Volksbank - Essen

Name oder Kurzbezeichnung der Bank

Schulze, Paul

Name des Kontoinhabers

---

1 How many reasons can you give for using
  the removals firm advertised above?
2 Which mistake has been made on the
  removals form opposite?
3 Below is the start of a furniture checklist for
  moving house. Complete the list and try to
  think of pieces of furniture for each room.

Checkliste
– Bücherschrank
– 3 Regale
– 4 Stühle
– Videogerät . . .

Heimwerker
Selbst ist der Mann

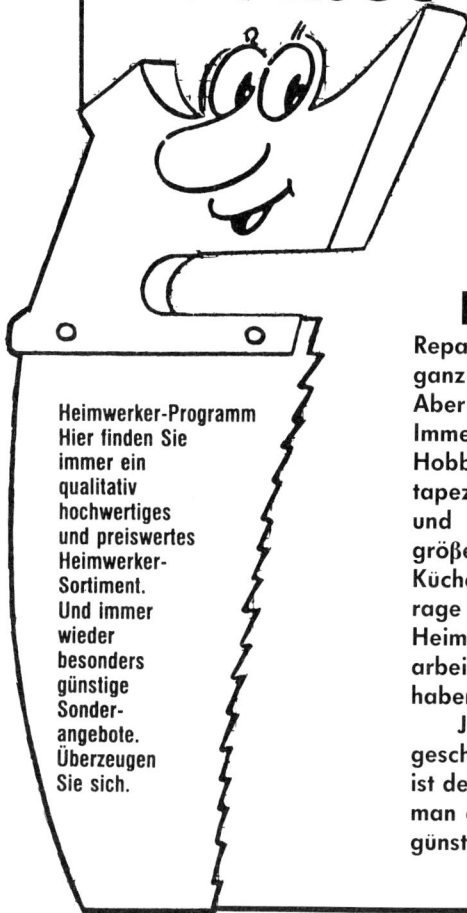

Heimwerker-Programm
Hier finden Sie immer ein qualitativ hochwertiges und preiswertes Heimwerker-Sortiment. Und immer wieder besonders günstige Sonderangebote. Überzeugen Sie sich.

Früher, wenn es irgendwelche Reparaturen zu Hause gab, hat man ganz einfach den Handwerker bestellt. Aber heutzutage ist das alles sehr teuer. Immer mehr Leute werden deshalb zu Hobbyhandwerkern. Sie streichen, tapezieren, bauen ihre eigenen Regale und machen manchmal sogar viel größere Sachen, wie Badezimmer oder Küchenumbau. Ein Keller oder eine Garage sind ideale Plätze für einen Heimwerker. Dort kann man in Ruhe arbeiten und die wichtigen Werkzeuge haben.

Jetzt gibt es viele Heimwerkergeschäfte. Ein sehr gutes Beispiel dafür ist der Bräutigam-Baumarkt. Dort findet man alles was man braucht und das zu günstigen Preisen.

Kompl. Badezimmer in verschiedenen Farben

in bester Qualität
1 Einbauwanne kompl.
1 Klosett kompl.
1 Waschtisch kompl.
498.-

bermuda-blau, manhattan, caramel, ind.-elfenbein **598.-**

Edelweiß, Crocus, Jasmin, Stella, Anemone **998.-**

rubin-rot **898.-**

1 Why are more and more people turning to DIY?
2 What examples of DIY are given?
3 Which places do they suggest you use as workrooms and why?
4 Why should you shop at the Bräutigam DIY market?
5 Why would the DIY enthusiast be interested in the advertisements on the right?

Aufruf an alle Hobbyhandwerker... wenn Sie eine helfende Hand brauchen, warum nehmen Sie nicht teil an unserem Kursus an der Volkshochschule ... Er findet jeden Mittwochabend um 19.30 Uhr statt. Bis dann!

Der Handwerker
Probleme? Brauchen Sie irgendwelchen Rat vom Fachmann über Ihr Haus? Sie brauchen unsere neue Zeitschrift ‚Der Handwerker', die extra für Hobbyhandwerker ist. Sie können sie jeden Donnerstag für 1,50 DM kaufen. Das ist wirklich ein guter Tip!

Immobilien

Häuser ab 99.000,-DM:

1 Nähe Eschweiler: Einf.-Hs., Wfl. 100 m², guter Zustand, kl. Garten, freistehend wunderschöne, ruhige Lage am Waldrand,   nur 99.000,-DM

2 Eschweiler: südl. Stadtrand freist. Bungalow, Bj. 1965, Wfl. 90 m², Keller, Garten, Garage, angenehme Nachbarschaft am Kurpark,   nur 159.000,-DM

3 Kohlscheid: absol. Top-Angeb., Einf.-Hs Bj. 1985 umfangr., mod. Wfl. 90 m². Gar., Innen- und Außenkamin, große Terrasse, Garage sind selbstverständlich,   nur 155.000,-DM

4 Hoengen: Langstr., 2-Fam.-Hs., Wfl. 180 m², neu Elektro.-Installat. u. Bäder, Keller, Garten, altes Gebäude, voll renoviert, ideal für junges Ehepaar,   nur 149.000,-DM

5 Herzogenrath: sol. 2 Fam.-Hs., guter Zustand, Wfl. 150m², Grundstck, 400 m², Keller, nicht weit vom Stadtzentrum, gute Einkaufsmöglichkeiten,   nur 189.000,-DM

6 Stolb.-Donnerberg: 2-Fam.-Hs. m. neuer Hzg., neue Fenster, Bäder, Keller und viel anderes, inklusive neue Teppiche,   nur 195.000,-DM

7 Eschweiler-City: 2 Fam.-Hs., Bj. 1930, Wfl. 180m², Keller, Garten, neue Hzg., gute Verkehrsverbindungen, auch in der Nähe der Autobahn,   nur 219.000,-DM

8 Heistern/Hamich: 2-Fam.-Hs., Bj 1985, je 3 Z.K.D.Bd. Blk, Garten, Keller, günstiges Angebot für Ehepaar, alt oder jung,   nur 249.000,-DM

9 Kornelimünster: Altbau, teilrenov., in schöner unverbaub. Lage m. Garten, in wunderschönem Stadtteil nicht weit vom Stadtzentrum, Universität usw,   nur 170.000,-DM

10 Stolb.-Atsch: sehr schöne ETW, 80 m², 3Z.K.D.Bd. Blk., Ideal für altes Ehepaar oder alleinstehende Rentner,   nur 105.000,-DM

11 Walheim: freist. Bungalow 1972, Wfl. 150m², Keller, Garage, Grundstck 800 m², auf dem Land, aber nicht weit von der Stadt,   nur 335.000,-DM

12 Rott/Roetgen: freist. Bungalow/E.F.Hs., Top-Lage, Wfl. 125m², Grundstck 500 m², in der Nähe vom Autobahnnetz Rtng. Belgien und Holland,   ab 295.000,-DM

13 Nähe Lammersdorf: freist. Bungalow, einmalig preisw., Wfl. 125 m², Grundstck 2000 m², mit Gaszentralheizung, großer Garage u. großem Garten vor und hinter dem Bungalow,   nur 249.000,-DM

14 Zu vermieten: 3 Z.K.D.Bd., 73 m², in Stolb.-Donnerberg, Ideal für Studenten oder jungen Menschen als erste Wohnung, unmöbliert, Kaltm.   600,-DM

SCHUMA-IMMOB.- GMBH
Adalbert-Stein-Weg 1 – 5100 Aachen
Tel. 0241/50 40 17

1 What do the following abbreviations stand for?
   a) Einf.-Hs.
   b) freist.
   c) Hzg.
   d) Bj. 1985
   e) südl.

2 Which of the houses would you recommend for the following people?
   a) a person who wants to live near the centre of town
   b) someone who is looking for a house in a quiet area
   c) a person who is looking for a property with a large garden
   d) an elderly couple
   e) a student
   f) a person looking for an unfurnished flat
   g) someone who is looking for a house close to all amenities

3 Use the information from the advertisements to write an advertisement describing the house/flat you live in. Remember, you're trying to sell it, so make it sound good!

Link them up ▼

Link the German phrases below with the
English translation from the box.

1 Ich wohne in Bonn.
2 Ich wohne in der Nähe vom Stadtzentrum.
3 Ich habe eine Wohnung.
4 Hast du dein eigenes Zimmer?
5 Wo liegt das?
6 Habt ihr einen Garten?
7 Wir haben zwei Schlafzimmer.
8 Haben Sie ein Gästezimmer?
9 Wo wohnst du?
10 Ich wohne im Vorort.
11 Ich habe ein großes Zimmer.
12 Wohnst du in einem Haus oder in einer
   Wohnung?

– Have you got a garden?
– I have a flat.
– We have two bedrooms.
– Have you got a guest room?
– Have you got your own room?
– Where do you live?
– Whereabouts is that?
– I live near the town centre.
– I live in the suburbs.
– I've got a big room.
– I live in Bonn.
– Do you live in a house or a flat?

▷ Use the phrases above to build up a conversation, with a partner,
about where you live.

Brieffreunde . . . Mein Zuhause ▼

Lieber Thomas!
Es war sehr schön, Deinen Brief zu erhalten. Du hast aber
wirklich ein sehr schönes Haus. Ich wohne in einem ruhigen
Vorort von München, ungefähr eine Viertel Stunde zu Fuß vom
Stadtzentrum. In unserer Gegend haben wir einen großen Park
und ein Freibad. Unser Haus ist ziemlich groß und wir haben
einen schönen Garten. Wir haben drei Schlafzimmer, eins
für mich, eins für meine Schwester und eins für meine
Eltern. Ich habe ein kleines, aber sehr schönes Zimmer.
An den Wänden habe ich zwei große Poster, eins von Michael
Jackson und eins von Madonna. Auf einem Regal habe ich
mein Hi-Fi System und manchmal besuchen mich meine
Freunde und wir hören Musik. Bitte schreib bald wieder.
Sylvia

▷ Use the above letter as a model to describe where you live and what
your house is like. Imagine that you are writing an introductory letter
to a penfriend.

Ihr Traumhaus ▼

FLORIDA PALM-BEACH COUNTY TRAUMBESITZ IN BOCA RATON

- Elegante Neubau-Residenz mit Seeanstoß, in exkl. Lage, von Privat zu verkaufen. Ca. 650 m² Wohnfläche mit spektakulärem Wohnbereich, offenem Kamin, Spiegelbar, 5 Schlafzimmern inkl. Master-Suite, 4 Marmorbädern und Dusche.

- Modernst ausgestattete High-Tec-Gourmetküche mit großzügigem Eßbereich, Bibliothek, Gäste-Hauskeeper-Trakt. Alle Böden in Marmor, aufwendige Holzverkleidungen in gebeizter Esche, Swimming-pool-Anlage mit Wasserfall und Springbrunnen sowie Außenbar, eigener Tennis- und Raquetballplatz, 3 Garagen. Airconditioning, Heizung, Alarmanlage.

- Grundstücksgröße ca. 6000 m².

- Kaufpreis $1.695.000.

- Während unseres Deutschlandaufenthaltes stehen wir ernsthaften Interessenten zwischen dem 18. und 24. Dezember für weitere Informationen unter der Rufnummer 07331/677 99 gerne zur Verfügung.

  Zuschriften unter **747499** an die Frankfurter Allgemeine, Postfach 100808, 6000 Frankfurt am Main 1.

1 List five things which this house has which make it a potential *Traumhaus*.
2 Use the above advertisement to help you write a short paragraph in German about what you would have as your dream house. The following phrases may be useful:
Wenn ich ganz reich wäre, würde ich in . . . wohnen
Mein Traumhaus wäre . . .
Es hätte viele Zimmer, zum Beispiel . . .
Ich würde einen großen Swimming-pool usw . . . haben

Beim Häusermakler ▼

The descriptions have been used by German estate agents to describe property. What should you expect to find according to these descriptions, and what do the abbreviations mean?

1 Attrakt. Eckhaus mit gr. Garten, ruhige, schöne Wohnlage in der Nähe von Wald und See.
2 Schönes Einfamilienhaus mit Bad, WC, Küche, gr. Wohnzimmer u, 4 Schlafzimmern.
3 Eckhaus mit gr. Garten ab sofort zu verm. Schöne Gegend, nahe Stadtzentrum.
4 Schöne Dachwohnung, nur 250 DM p.M., inkl. aller Kosten, zu verm.
5 Gr. schönes Einfamilienhaus, freistehend, ruh. Lage, zu verk.
6 Neueinger. Wohnung an Studenten/in preisw. zu verm.
7 Exkl. Häuser in zentr. Lage, Blick auf den Rhein, gr. Garten, ideal f. Geschäftsleute, zu verm.
8 5 komf. Wohnungen, Neubau (1987) zu verk. Fußbodenheizung, Teppichböden.
9 Gut gepfl. Landhaus zu verk.
10 Verm. Haus an Ehepaar. Bad, WC, gr. Küche mit Eßecke, Wohnz. u. Schlafz.

Wettbewerb . . . Häuser zu gewinnen! ▼

(Mit Einliegerwohnung). Wohnfläche 127,96 m². Satteldach 45°. Erdgeschoß abgeschlossen (71,16 m²): Wohnraum, Eßecke, Küche, Schlafzimmer, Bad, Abstellraum und Flur. Dachgeschoß als Einliegerwohnung (56,80 m²): Wohnraum, Eßecke, Kochnische, Schlafzimmer, Bad, Flur und Abstellraum. Zusätzliche Verkehrsfläche 17,42 m².

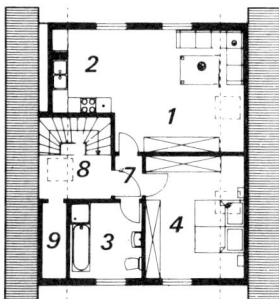

Wohnfläche 128,82 m². Walmdach 28°. Wohnraum, Eßecke, Küche, Bad, separates Gäste-WC, Schlafzimmer, zwei Kinder- oder Gäste-zimmer und Diele.

Wohnfläche 107,79 m². Satteldach 28°. Wohnraum, Eßecke, Küche, Schlafzimmer, Bad, separates Gäste-WC, zwei Kinder- oder Gäste-zimmer, Abstellraum, Flur und Diele.

Legende
1 Wohnen und Essen
2 Küche
3 Bad/WC
4 Schlafzimmer
5 Kinderzimmer 1
6 Kinderzimmer 2
7 Flur
8 Diele
9 Abstellraum
10 zusätzliche Fläche

1 One of the houses above was the first prize in an 'Ideal Home' competition – but which one? The prize was described as: 'a luxury detached chalet with a living'room, dining area, kitchen, master bedroom and two other bedrooms, bathroom and separate WC, lobby and utility area.'

2 Use the above information and the descriptions in the exercise *Beim Häusermakler* (see page 21) to make up a description of your ideal home. It should have a ground floor and first floor, you will need to say which rooms it has and briefly describe its situation.

Testen Sie! ▼

Und wenn Sie jetzt schon eine Frage haben:
Telefonische Informationen bekommen Sie sofort von den Experten der Bausparkasse Mainz. Sie bezahlen nur 23 Pfennig – wie bei einem Ortsgespräch.

RUFEN SIE AN:

01 30 – 65 65

| Eleganter Winkelbungalow | Ab DM 122.721,– |
| Ausbauhaus 12 148 qm 4 Zimmer, Küche, Bad | Oberkante Keller |

| Stilvolles Erkerhaus | Ab DM 137.655,– |
| Ausbauhaus 9 160 qm 6 Zimmer, Küche 2 Bäder, Einliegerwohnung möglich | Oberkante Keller |

ACHTUNG MIETER
TEST-SONDERAKTION
TESTEN SIE:
HABEN SIE DAS ZEUG ZUM HAUSBESITZER?

Testen Sie, wie groß **Ihre** Chancen sind, auch bald glücklicher Hausbesitzer zu sein. Lesen Sie alle Fragen aufmerksam durch. Kreuzen Sie die Antwort an, die Sie für richtig halten oder die für Sie zutrifft. Fragebogen ausschneiden und gleich einsenden! In kürzester Zeit erhalten Sie die Auswertung Ihres Tests und wertvolle Informationen zum Thema Wohnen, Bauen und Finanzieren.

Bitte hier Ihre Adresse eintragen:

Vorname: *Peter*
Name: *Jung*
PLZ/Ort: *Aachen*
Straße/Nr.: *Reilstr. 25*
Vorwahl/Telefon: *0107/248561*   Familienstand: *verh.*   Kinder: *2*

1. Wieviel Miete zahlen Sie pro Monat?
1 ☐ bis 400 DM
3 ☒ 400 bis 700 DM
5 ☐ über 700 DM

2. Empfinden Sie Ihre monatliche Mietbelastung als
1 ☐ angemessen
3 ☒ etwas zu hoch
5 ☐ viel zu hoch

3. Wo wohnen Sie zur Zeit?
5 ☐ Als Mieter in einem Hochhaus
3 ☒ Als Mieter in einem Mehrfamilienhaus
1 ☐ Als Mieter in einem 1-Familienhaus

4. Wieviel Personen leben in Ihrer Wohnung?
1 ☐ eine
3 ☒ 2 bis 3
5 ☐ 4 und mehr

5. Wie zufrieden sind Sie mit Ihrer jetzigen Wohnungssituation?
1 ☐ sehr zufrieden
3 ☐ einigermaßen zufrieden
5 ☒ nicht zufrieden

6. Wieviel könnten Sie zusätzlich monatlich für Ihr Eigenheim sparen?
1 ☒ bis zu 50 DM
3 ☐ bis zu 100 DM
5 ☐ bis zu 200 DM oder mehr

7. Sollte Ihr Haus einen Garten haben?
1 ☐ Nein, nicht unbedingt
3 ☒ Wenn möglich ja
5 ☐ Auf jeden Fall

8. Sollte Ihr Haus einen Balkon oder eine Terrasse haben?
1 ☐ Nein, nicht unbedingt
3 ☒ Wenn möglich ja
5 ☐ Auf jeden Fall

9. Können Sie mit Säge, Hammer und Schraubenzieher umgehen?
5 ☒ Ja, ich bin Hobby-Heimwerker
3 ☐ Das bereitet mir keine Probleme
1 ☐ Ich kann damit nur ganz einfache Arbeiten ausführen

10. Haben Sie schon einmal selbst tapeziert oder Wände gestrichen?
5 ☒ Ja, schon häufig
3 ☐ Ja, gelegentlich
1 ☐ Ja, wenige Male

11. Beim Innenausbau eines Hauses lassen sich durch Eigenleistung bis zu 70.000 DM sparen. Wären Sie bereit diese Aufgabe anzupacken?
1 ☐ Nein, dazu bin ich nicht bereit
3 ☒ Ich wäre bereit, einen Teil der Arbeiten zu übernehmen
5 ☐ Ich würde den größtmöglichen Anteil der Arbeiten übernehmen

12. Wer würde Ihnen beim Innenausbau helfen?
1 ☐ Ich müßte alles allein machen
3 ☐ Familienmitglieder
5 ☒ Freunde und Familienmitglieder

13. Gefällt Ihnen eines der abgebildeten Häuser?
5 ☒ Ja, die abgebildeten Häuser gefallen mir.
3 ☐ Ich möchte lieber eine Eigentumswohnung oder ein Haus kaufen.
1 ☐ Ich habe mir darüber noch keine Gedanken gemacht.

Gesamtpunktzahl:

4 7

Bitte hier Ihre Gesamtpunktzahl eintragen!
Es können nur Fragebogen mit eingetragener Gesamtpunktzahl ausgewertet werden! Bitte Absender oben nicht vergessen.

Die im Fragebogen von Ihnen angekreuzten Antworten werden streng vertraulich behandelt und dienen nur internen Auswertungszwecken.

▷ The notes opposite have been made about Peter Jung's application but they are not entirely accurate. Correct them where you think it is appropriate.

'Peter pays 300 DM per month and he thinks that this is too much for the flat he shares with two other people. He likes the flat but would like to live somewhere with a garden. Peter has never done any DIY and would prefer not to have to.'

Immobilienmarkt ▼

41/1650: Studios für 2 Personen (ca. 30 qm).
1 ZIMMER, KOCHNISCHE, BAD, WC.
Komfortabel eingerichteter Wohnschlafraum mit Farb-TV, 2 Betten, Balkon.

11/6214: Nurdach-Häuser für 6 Personen (ca. 70 qm).
4 ZIMMER, KOCHNISCHE, DUSCHE, WC.
Rustikales Wohnzimmer mit offenem Kamin, Sitz- und Eßgruppe, Spielecken auf 2 mit Leitern zu erklimmenden Emporen. 3 Zweibettschlafzimmer. Terrasse mit 2. offenen Kamin.

33/2971: Ferienwohnungen für 4 Erw. + 2 Kinder (ca. 48 qm).
3 ZIMMER, KÜCHENWAND, DUSCHE, WC.
3 Wohnschlafräume (jeweils 2 Schlafgelegenheiten) — durch Schiebewände voneinander abtrennbar, offener Kamin. E-Heizung. Loggia mit Terrassenmöbeln (für 4 Pers.).

Parkmöglichkeit außerhalb der Anlage. Einkaufsmöglichkeit; Badeplatz und Surfmöglichkeit ca. 50 m, Nordsee (feiner und grober Sandstrand) ca. 14 km, Ortsmitte ca. 1,5 km entfernt.

11/6215: Ferienhäuser für 6 Personen (ca. 80 qm).
4 ZIMMER, KOCHNISCHE, DUSCHE, 2 WC.
Erdgeschoß: Rustikales Wohnzimmer mit offenem Kamin, Sitz- und Eßgruppe; Freisitz. Offenes Zwischengeschoß mit Küchenkombination, Eßtisch; 1 Doppelschlafzimmer. Dachgeschoß: 2 Schlafzimmer mit Doppelbett und 2 Einzelbetten; Balkon.

41/1651: Studios für 2—4 Personen (ca. 35 qm).
1 ZIMMER, KOCHNISCHE, BAD, WC.
Komfortabel eingerichteter Wohnschlafraum mit Farb-TV, 2 Betten, Doppelcouch, Balkon.

11/5145: Ferienhäuser für 6 Personen (ca. 50 qm).
3 ZIMMER, KÜCHENWAND, DUSCHE, WC.
Wohnzimmer mit Farb-TV, Radio sowie Eßecke. 1 Doppelschlafzimmer. 1 Schlafzimmer mit 2 Etagenbetten. Teppichböden. E-Heizung. Gedeckte Terrasse mit separatem Abstellraum (ggf. als Schlafraum für 7. Person möglich). Liegewiese mit Gartenmöbeln. Parkplatz.

Use the information in the advertisement to help you write down these house descriptions in German.

House for 3–5 people
– 3 bedrooms, lounge, kitchen, bathroom & WC
– colour TV, radio, telephone & large balcony

Studio for 4–6 people, 4 adults and 2 children
– living room, dining area and kitchen
– 4 bedrooms, 2 with double beds
– shops and swimming pool nearby

Holiday flats for 4 people
– ground floor, living room, dining room with terrace and kitchen
– colour TV, telephone
– 1 double bedroom, 2 singles, bathroom, shower and WC
– large garden, central heating, parking space

Möbelmarkt ▼

1 Which reasons are given in the advertisement to suggest that the reader should buy his or her furniture there?

2 Imagine that you are setting up a flat and you decide to buy your furniture at the *Hasseler Möbelhof*. List the items that you could buy according to the advertisement.

Möbelkäufer!
Sparen Sie

Viele Traumstücke, oft nur Tage o. Wochen benutzt, topaktuell, wie neu!!!
Alles wird spottbillig verkauft. Sparen Sie Geld!!!
Sämtliche Gebrauchtmöbel sind „enorm billiger" als Neuware!!!

Greifen Sie zu!!! – Tägl. Riesenauswahl, zB ab Freitag.: Traumhaft schöne Wohnwand (14 Tage benutzt, wie neu!), Eiche, Tabak, in hochaktueller Stufenform, attraktive Glasvitrine, nur nock 590,-.
Sparen Sie: Urgemütliche Eßgruppe (2 Wochen alt, wie neu). Kiefer massiv, nur noch 170,-. Zauberhaftes Jugendzimmer (neuw.). Eiche-Nachbildg., nur noch 199,-. WZi.-Tisch m. Marmorplattte, 39,-. Außerdem: Jede Menge bildschöne Polstergarnituren, Eckgruppen, in Velours, Mohair u. vielen aktuellen Stoffen, schon um 150,-, 350,-, 550,- u. m.
Neu eingetroffen: Wertvolles Schlafzimmer (3 Wochen, wie neu!). Eiche hell, mit Bettanlage m. Überbau, nur noch 599,- (Gelegenh.).

● HASSLER MÖBELHOF, Gelsenkirchen-Buer, Polsumer Str. 71 (Tel 0209/64021).

Role-play practice

Practise the following questions with a partner. In each case the start of the answer has been given.

1 Wo wohnst du?
   – Ich wohne in . . .
2 Wo liegt das?
   – Es liegt in . . . in der Nähe von . . .
3 Wohnst du in einem Dorf oder in einer Stadt?
   – Ich wohne in . . .
4 Habt ihr eine Wohnung oder ein Haus?
   – Wir haben . . .
5 Beschreibe sie/es.
   – Sie/es ist . . .
6 Wie lange wohnt ihr dort?
   – Wir wohnen (schon/nur) . . .
7 Hast du dein eigenes Zimmer?
   – Ja, ich habe . . ./ Nein, . . .
8 Beschreibe dein Zimmer.
   – Es ist ziemlich . . .
9 Wie ist die Gegend, in der du wohnst?
   – Es ist . . .
10 Gibt es viel für Jugendliche dort?
   – Ja, wir haben . . ./Nein, . . .
11 Was findest du interessant in der Gegend, in der du wohnst?
   – Es gibt . . .
12 Wohnst du lieber in der Stadt oder in einem Dorf?
   – Ich wohne lieber . . .

▷ With a partner, make up a conversation between the two characters in the cartoon below.

Now that you have completed the topic, see how many of the above advertisements you can understand.

Which are advertisements for flats?

Which are near to the sea or to lakes?

Which is the most expensive house and why; how does this compare with the cheapest?

What is said about DIY and which furniture is being advertised?

Hobbies and pastimes

Match them up ▼

Link the activities to the correct symbols:

Schwimmen Fußball Volleyball Tennis
Fahrrad fahren Segeln Reiten Golf
Fischen Windsurfen Leichtathletik Kegeln

Now link them to where the activities could take place. The place may be the same for several activities.

ein Reitklub   ein Fußballstadion
ein Schwimmbad   eine Laufbahn·
eine Radrennbahn   ein Volleyballplatz
ein Golfplatz   ein Fluß   ein Tennisplatz
eine Kegelbahn   ein Sportplatz   ein See

JUGENDZENTRUM   Kölnstr. Bonn

Wir bieten an . . .

★ Billiard
★ Volleyball
★ Bibliothek
★ Musik
★ Tischtennis

★ Filmabende
★ Kaffeestube
★ Fotozirkel
★ Kegeln
★ Discoabende

ÖFFNUNGSZEITEN
Während der Woche
15.00 bis 20.00 Uhr
Am Wochenende
10.00 bis 22.00 Uhr

*ALLE SIND WILLKOMMEN FUR . . .
SPASS . . . SPIEL . . . FREUDE . . . UND FREUNDSCHAFT!*

▷ Using the information above, design your own poster for a youth club giving details of the activities on offer and the opening times.

Sportumfrage ▼

1 Weche Sportarten liebst Du am meisten?
A. *Ich fahre gern mit meinem Skatebord*
B. *Ich spiele gern Volleyball*
C. ....

2 Welchen Sport treibst Du am liebsten allein?
Ich fahre am liebsten mit meinem Fahrrad

3 Welchen Sport treibst Du am liebsten mit Freunden?
Ich spiele am liebsten Fußball mit ihnen

4 Bei welchem Sport fühlst Du Dich am wohlsten?
Am wohlsten fühle ich mich beim Volleyballspielen

5 Wieviel Zeit kannst Du für Deine Lieblingssportart aufbringen?
Ich habe viel Zeit für Sport, 5-6 Stunden pro Woche

6 Warum ist für Dich der Sport gesund?
Nenne Deine Gründe: *Ich bin an der frischen Luft und fühle mich besser, wenn ich fit bin*

1 How would you have answered the questions in the questionnaire? Practise them with a partner.
2 Fill in an activity diary similar to the one below, giving details of the exercise which you get in a week.

Montag	Dienstag	Mittwoch	Donnerstag	Freitag	Samstag	Sonntag
Montags treibe ich wenig Sport, vielleicht ein bißchen Bodybuilding.	Um 16⁰⁰ gehe ich immer eine Stunde joggen.	Kein Sport. Mittwoch abend treffe ich mich mit meiner Freundin.	1-1½ Stunde Training mit der Schulfußballmannschaft	Gehe ich Kegeln oder Schlittschuhlaufen.	Meistens spiele ich Fußball.	Ruhetag - aber manchmal fahre ich Fahrrad.

Sport ▼

Zu Saisonbeginn 73 Handballspieler/-innen. 6- bis 8 jährige können bei uns das Handballspielen erlernen. 6643315.

Welches Mädchen ab 16 J. hat Spaß am Tanzen? Wir sind Mädchen zw. 16 und 30 J. u. treffen uns zweimal in der Woche zum Training. 6247249.

Kegelsport-Klub ‚Pankgraf 19' sucht noch aktive männl. Sportkegler, oder die, die es noch werden wollen. Training jed. Freitag von 19 bis 23 Uhr. Hasenheide, Auskünfte: Sportwart Behnke. 6025447.

Freizeitvolleyballtreff des TSC Berlin. Montags von 20.00 bis 21.45 Uhr in d. oberen Sporthalle der Clay-Oberschule. Kostenbeitrag 3,-DM. 6241434.

Kegelsport-Klub ‚Grün-Gold 09' sucht f. d. l. u. 2. Herrenmannschaft Kegler. Spielkl. Liga, Training Do. ab 19.15 Uhr. Hasenheide. Interessenten meld. sich bitte bei: J. Berthold, 7457527, ab 18 Uhr.

Die Handballabteilung der Neuk. Sportfreunde sucht Kinder ab 5 J. Nähere Ausk.: 6935683.

Damensportkegelklub sucht erfahrene Keglerin. Training Mi 19-23 Uhr i.d. Hasenheide. Näheres 6625918.

1 Which of the advertisements are aimed specifically at young people?
2 Which advertisements would be of interest to beginners?
3 Which sports activities involve training? When does it take place?

Kulturzentrum ▼

The above introduction to a brochure gives information about courses and activities on offer at a sports and leisure centre.

1 Which pages (if any) would you turn to in order to find out about the following:

   a) running   d)   fishing
   b) keep-fit   e)   art
   c) drawing   f)   reading

2 How many of the page headings can you link with the correct symbol in the illustration?

3 In German, add any activities that might normally be on offer at a sports and leisure centre but which are not included above.

Was für Sport treibst du gern? ▼

BARBARA (16)	‚Ich gehe sehr gern schwimmen. Manchmal gehe ich zwei- oder dreimal pro Woche ins Schwimmbad. In der Schule spiele ich auch gern Volleyball und Federball.'
MICHAEL (11)	‚Ich spiele furchtbar gern Fußball mit meinen Freunden. Wir haben auch eine Fußballmannschaft in der Schule. Normalerweise spiele ich die Nummer 2.'
UWE (19)	‚Früher habe ich viel Fußball gespielt, mit 13 Jahren habe ich dann Volleyball angefangen. Jetzt spiele ich für eine Volleyballmannschaft in der Bundesliga. Wir trainieren fünfmal in der Woche und spielen an den Wochenenden.'
WALTRAUT (13)	‚Ich spiele sehr gern Federball und gehe auch gern mit meinen Freundinnen Schlittschuhlaufen. Die Eisbahn ist im Stadtzentrum. Wir fahren dorthin nach der Schule oder am Wochenende.'
CHRISTIANA (23)	‚Als ich jünger war habe ich gern mit meinen Brüdern Fußball gespielt. Jetzt mache ich gern Jogging, allein oder mit Freunden. Ich jogge morgens bevor ich zur Universität gehe oder abends wenn ich nach Hause komme.'
STEPHEN (15)	‚Ich spiele besonders gern amerikanischen Fußball. Ich habe es zuerst im Fernsehen gesehen. Dann habe ich gehört, daß es eine Mannschaft in der Nähe gibt. Jetzt spiele ich jedes Wochenende. Am liebsten würde ich Profi-Spieler werden und nach den USA fahren.'

1 TRUE or FALSE? If these statements are false, correct them.
   a) Barbara swims regularly.
   b) Michael would like to play for a football team.
   c) Uwe has been playing volleyball for thirteen years.
   d) Waltraut likes skating.
   e) Christiana goes jogging to keep fit for playing football.
   f) Stephan would love to go to America to watch American football.

2 List the different ways used above to say that you like doing something. Use this information to help you write a short paragraph about the sports which you have done in the past, and those which you do now.

Im Ferienhaus

Urlaub im Ferienhaus
- Freizeitspaß für Jedermann
- Für Familien, Paare und Singles . . . für Kinder und Senioren
- Für den Jahresurlaub, aber auch für den Kurzurlaub zwischendurch

Das Apartmenthotel mit ♥
im Harz

»Hotel Panoramic«
H o h e g e i s s im Oberharz
für Urlaub, Kur, Wochenende und Tagung

Sport / Unterhaltung

- Grillrestaurant / Bar, Gartenterrasse
- à-la-carte-Restaurant
- 2 große Süßwasserschwimmbäder (heizbar) mit Duschen und Sonnenliegen
- 4 Tennisplätze (Hartplätze mit Flutlicht)
- Squashhalle
- Sauna
- Massage
- Supermarkt
- Zeitungskiosk
- Filmclub
- Kinderclub (für Kinder von 3—12 J.), täglich (außer sonntags)

» Feriendorf
Gartow a. See«
- das Natur- und Ferienparadies
zwischen Wasser und Wald -
erholsam und gemütlich, sportlich und aktiv
ideal für Urlaub, Kur- und Wochenend .....

Sport / Unterhaltung

In der Anlage:
- Restaurant, Caféteria
- Bierstube, Hotelbar / Discothek
- Tanzsaal
- SB-Laden
- Hallenbad (22 x 8 m)
- Sauna, Solarium, Sonnenbänke
- med. Abteilung mit staatl. geprüfter Masseurin
- Tennisplatz
- Tischtennis
- Minigolf
- Sportanlage
- Fitness-Raum
- Meterschach
- Kegel- und Bowlingbahnen
- Bundesschießstand
- Fahrradverleih
- Kindergarten
- Kinderspielplätze
- Veranstaltungen, Festtags- / Clubprogramme

Im Ort und Umgebung:
- gekennzeichnete Wanderwege, Kurübungswege
- Waldschwimmbad
- Kurgarten

Alltag und Streß vergessen
im Hotel - Bungalow - Park

»Karolinenhof«
im Naturpark Rhön
D i p p e r z - F r i e s e n h a u s e n

Sport / Unterhaltung

In der Anlage:
- 2 Restaurants
- Caféteria
- Bar
- SB-Laden
- Hallenschwimmbad
- Sauna
- Solarium
- Tennisplatz
- Squash-Halle
- 2 Kegelbahnen
- Fitness-Raum
- Kinderspielzimmer
- Kinderspielplatz
- Joggingparcour
- eigener Badesee (10 000 qm groß; kann im Winter für Eislauf und als Eisstockschießbahn benutzt werden)
- Wander- und Langlaufmöglichkeiten ab Ferienpark

1 The Fitt family need to decide where they are going to go on holiday. The list below shows what they would ideally like to have where they are staying. Which place should they choose?

Restaurant
Swimming pool
Tennis courts
Bowling alley
Facilities for children
Shop
Walks
Bar
Ping-pong table

2 Make up an advertisement for a *Ferienhaus* that caters for your own sport and leisure tastes. Use the advertisements above to help you.

Liest du gern? ▼

**<< Ein Mensch
ohne Buch
ist blind >>**

ALTISLÄNDISCHES SPRICHWORT

Wir haben einige Jugendliche gefragt, ob sie gern lesen, und wenn ja, was. Hier sind ihre Antworten:

STEPHAN (16)
,Ja, ich lese gern Bücher. Aber noch lieber lese ich Sportzeitschriften, besonders die über amerikanischen Fußball.'

OLAF (15)
,Nein, ich lese nicht gern. Ich finde Bücher langweilig. Viel lieber gehe ich ins Kino oder sehe fern.'

INGRID (15)
,Ich lese unheimlich gern, besonders Romane und Liebesgeschichten. Manchmal gebe ich die Hälfte meines Taschengeldes für Bücher aus.'

BIRGIT (16)
,Ich lese gern Zeitschriften, besonders Artikel über Schauspieler und Pop-Sänger. Bücher mag ich nicht so sehr, da sehe ich mir lieber einen Film im Fernsehen an.'

HOLGER (16)
,Ich lese nicht gern Zeitungen, aber Krimis und Comics lese ich unheimlich gern. Ich mag englische Comics wie zum Beispiel das *Beano*. Die Charakter ,,der verzweifelte Dan" und ,,Denis der Furchtbare" finde ich toll.'

KERSTIN (14)
,Ich lese gern Märchen aus verschiedenen Ländern, wie zum Beispiel *Aladin und die Wunderlampe* oder *Rotkäppchen*. Meine Schwester Julia ist fünf Jahre alt und ich lese ihr oft vor.'

1 Which of the young people enjoy reading?
2 What do they read?
3 What do the others enjoy?
4 Which characters does one of them mention from a comic and why?
5 Which sort of books does Kerstin read and who does she sometimes read to?
6 What is the meaning of the saying at the start of the article?

Umfrage bei Jugendlichen ▼

Was siehst du gern im Fernsehen?	
Die Reklame	3%
Krimis	7%
Die Nachrichten	5%
Die Zeichentrickfilme	17%
Sport	13%
Die Musiksendungen	12%
Die Quizsendungen	20%
Die Spielfilme	23%

Magst du Jugendsendungen?	
Ja, sehr	25%
Ja, nicht schlecht	45%
Nein, nicht sehr	13%
Nein, furchtbar	6%
Keine Antwort	11%

Wieviel Stunden pro Tag siehst du fern?	
Mehr als 4 Stunden	19%
Zwischen 2 und 4 Stunden	64%
Weniger als 2 Stunden	14%
Gar nicht	3%

1 What three questions are asked in the poll?
2 How would you reply, in German, to these questions?
3 List the following in their order of popularity.

   sports programmes/news reports/feature films/music programmes/quizzes/cartoons/advertisements/thrillers
4 Ask other members of your class about their likes and dislikes and see how their views compare with those expressed in the poll.

Quiz . . . Quiz . . . Quiz . . . Quiz ▼

How well do you know your TV programmes? Can you tell your *Dallas* from your *Dynasty*? Read the following descriptions of popular English television programmes and try to work out which ones they refer to. The answers are on the next page . . . no cheating!

1 Es gibt eine Sendung über Leute, die in der selben Straße wohnen. Es spielt manchmal in einem Geschäft oder in der Kneipe. Die Sendung ist sehr populär und spielt sich in England ab. Die Personen sind nicht immer gute Nachbarn.

2 Diese Sendung handelt von reichen Leuten in den USA. Die Frauen sind wirklich schön, die Männer haben viel Macht. Sie wohnen alle in riesengroßen, eleganten Häusern. Es handelt sich um das Ölgeschäft und ums Geld, das daraus gemacht wird.

3 Es ist eine bekannte Sendung für junge Leute. Wenn du Tiere magst oder gern bastelst, würdest du sie ansehen . . . Die Sendung unterstützt auch jedes Jahr Hilfsorganisationen.

4 Diese Sendung ist für intelligente Leute. Es findet normalerweise in einer Universität statt. Es gibt einen besonderen Stuhl und einen großen Preis für den Gewinner.

5 Wenn du dich über die letzte Musik, die Platten, die am besten verkauft werden, und die populärsten Gruppen informieren möchtest, ist diese Sendung gerade die richtige für dich . . . Sie ist sehr populär unter jungen Leuten, schon seit den sechziger Jahren.

Heute im Fernsehen ▼

1. PROGRAMM

Vormittagsprogramm ARD/ZDF
9.10 Sesamstraße
9.45 ARD-Ratgeber
  Urteil des Monats: Dezember 1986:
  Steine als Waffen – wenn
  Demonstranten gewalttätig werden
10.00 Tagesschau und
Tagesthemen
11.10 Diese Drombuschs
  Die Gretchenfrage (Wiederholung
  vom 27.9.1987)
12.10 Report
12.55 Presseschau
13.10 Wettervorhersage
13.15 Videotext für alle
  Auswahl (bis 13.30 Uhr)
15.50 Tagesschau
16.00 Heidi
  Ein Nachmittag im Wald
16.25 Ein Heim für Tiere
  Das Geheimnis des Waldes
16.40 Das geheime Tagebuch des
Adrian Mole.
  Siebenteilige Kinderserie
17.10 Der Pickwick-Club
  Warum ist Lachen ansteckend? Wie
  können Fische unter Eis überleben!
  (Kinderprogramm)
17.45 Nachrichten
  (Siehe Regionalprogramm)
19.00 Hitparade
19.57 Heute im Ersten
20.00 Tagesschau
20.10 ARD-Sport extra
  (Wiederholung morgen vormittag)
22.00 Brennpunkt
22.30 Tagesthemen
23.00 Die Krimistunde
  Geschichten für Kenner, mit Walter
  Giller, Helen Vita, Willy Semmelrogge,
  Paul Dahlke
  (Erstsendung 22.4.1982)
0.00 Tagesschau
0.05 Nachtgedanken

1 What time should you tune in if you wanted to see:
   a) the news?
   b) a children's programme?
   c) a wildlife programme?
   d) the weather forecast?
2 Which programme is part of a series?
3 Which programmes have already been shown on TV?
4 How, in English, would you rate programmes that were described as follows:
   a) Nicht zu verpassen!
   b) Es lohnt sich nicht besonders!
   c) Nicht lohnenswert!
   d) Diese Sendung kann ich Ihnen wirklich empfehlen!

TV: quiz answers

1 Coronation Street
2 Dallas
3 Blue Peter
4 Mastermind
5 Top of the Pops

Europa-Kino ▼

Europa-Kino

15.00; 17.00; 19.00; 21.00	Baloo ist wieder da! DAS DSCHUNGELBUCH	5. Woche!
15.00; 19.30 ab 12 J.	Prädikat: besonders wertvoll DER LETZTE KAISER	10. Woche!
15.00; 17.30; 20.00 ab 6 J.	Ein Film für große und kleine Füße BIG FOOT UND DIE HENDERSONS	
15.00; 17.30; 20.00 ab 16 J.	Absolut sensationell! Sexy, gefühlvoll, außergewöhnlich. EINE VERHÄNGNISVOLLE AFFÄRE	
15.00; 17.30; 20.30 Fr./Sa. 22.30 ab 16 J.	Ein unglaublicher Film nach einer wahren Geschichte, Eliot Ness und ... DIE UNBESTECHLICHEN	12. Woche!

Telefonische Vorbestellungen in allen Kinos möglich.

1 Which films could you see at 5 p.m. and at 8 p.m.?
2 Which of the films at the *Europa-Kino* could you see if you were:
   a) 8 years old?
   b) 14 years old?
3 What does the advertisement tell you about booking to see a film in advance?

LOHNT SICH EIN KINOBESUCH?

Wir haben Jugendliche gefragt, welche Filme sie in der letzten Zeit gesehen haben und ihre Meinungen darüber:

‚Ich habe *Dirty Dancing* gesehen. Es war nicht schlecht und die Musik war ganz toll.'

‚*Ein Fisch Namens Wanda* war einfach klasse! Ich habe nie so viel gelacht – ein wirklich lustiger Film. Ich mochte John Cleese sehr.'

‚*Der Hauch des Todes* mit James Bond ist ganz gut, aber ich habe bessere Bond-Filme gesehen.'

‚Ich habe *Rocky IV* gesehen . . . es war schrecklich! Bleib lieber zu Hause! Es lohnt sich wirklich nicht, diesen Film zu sehen.

‚*Falsches Spiel mit Roger Rabbit* war sehr sehr gut. Es hat sich echt gelohnt hinzugehen. Diesen Film darf man nicht verpassen! Echt empfehlenswert.'

1 Choose the box below which you feel best describes the views expressed by the above people.

Excellent	Good	Quite good	Fair	Not very good	Bad	Awful

2 Using some of the expressions above to help you, say what you think about a film that you have seen recently.

James Bond ist 007!!!   ▼

JAMES BOND 007 JAGT DR. NO
LIEBESGRÜSSE AUS MOSKAU
GOLDFINGER
FEUERBALL
MAN LEBT NUR ZWEIMAL
IM GEHEIMDIENST IHRER MAJESTÄT
DIAMANTENFIEBER
LEBEN UND STERBEN LASSEN
DER MANN MIT DEM
GOLDENEN COLT
DER SPION, DER MICH LIEBTE
MOONRAKER
IN TÖDLICHER MISSION
OCTOPUSSY
IM ANGESICHT DES TODES

ROGER MOORE PRÄSENTIERT:
25 JAHRE JAMES BOND 007
unverb. Preisempfehlung
29,90 DM

25 JAHRE
*james
bond
007*

VIDEOSAMMLUNG

1 What exactly is this advertisement selling, and why?
2 How many of the James Bond films listed can you translate back into their original titles?
3 Make up a list of German titles for English films. For instance, what would you call *Star Wars*?

Filmreport   ▼

Geboren am 4. Juli

Tom Cruise, der berühmte Schauspieler, der mit Dustin Hoffman in Rainman zu sehen war, spielt jetzt den Vietnam-Veteranen Ron Kovic, der nach dem Krieg gelähmt zurückkommt. Mit schulterlangen Haaren, einem Schnurrbart und in schlechten Kleidern hat Tom Cruise mit seinem alten image nichts gemeinsames. Kovic wollte immer Soldat werden, geht weg von seiner geliebten Freundin, um für die USA gegen ‚die Kommunisten' zu kämpfen. Er ist und bleibt sehr stolz auf sein Land aber wird dann im Vietnam Krieg verwundet and gelähmt. In einem Rollstuhl kommt er wieder in seine Heimat zurück, wo er am Anfang als Held angesehen wird, dann aber schnell wieder vergessen wird. Keiner interessiert sich für seine Probleme. Da fängt er an, für den Frieden und für die Rechte der ‚Vergessenen' zu kämpfen. Es ist ein ganz toller und realistischer Film, der wirklich empfehlenswert ist. Den Film muß man einfach gesehen haben. Tom Cruise ist voller Talent und ich mag sein neues image. Ich freue mich auf seinen nächsten Film.

1 What is Tom Cruise's new image?
2 What are his problems when he returns to America?
3 What does the reviewer feel about the film?

Musik ▼

Herbe Mischung

Do Re Mi: „The Happiest Place In Town" (Virgin)
Zwei Frauen und zwei Männer aus Australien: Do Re Mi. Mit dem Debüt „Domestic Harmony" sorgte das experimentierfreudige Quartett für Schlagzeilen. Auch der zweite Streich ist voll perlender Popsongs, eine herbe Mischung aus New Wave, Punk und Avantgarde.

Ich finde die Musik ganz gut. Es lohnt sich, diese Platte zu kaufen.

Michael Jackson: Dirty Diana
Also die Platte finde ich nicht besonders gut – über ein Mädchen, das sich in einen Pop-Sänger verliebt. Die Worte sind billig, wiederholen sich und das Thema finde ich langweilig. Das frühere Lied von ihm „Billie Jean" war einfach spitze, aber das hier ist wirklich nichts besonderes. Vielleicht braucht Michael eine lange Pause, um etwas neues zu entdecken.

Anstachelnd

Jean Beauvoir: „Jacknifed" (Virgin)
Die zweite Solo-Produktion von Jean Beauvoir, dem Mann mit dem Irokesenhaarschnitt (früher unter anderem bei den Plasmatics und Little Stevens Disciples Of Soul): „Jacknifed". Wieder ein Schmelztiegel musikalischer Stile, schillernd und farbig wie der Meister selbst – mit starker Rhythmusbetonung, anstachelnden Dynamik, aber auch eingängigen Melodien. Die Single-Auskopplung „Gamblin' Man" zeigt die Richtung an: entspannt auf den Dance-Floor.

Die ist echt spitze. Ich mag diese Platte sehr.

Which of the boxes below describes most closely what the reviewer feels about each of the records on the left.

AWFUL

POOR

QUITE GOOD

GOOD

VERY GOOD

EXCELLENT

Hast du Musik gern?

Englische und amerikanische Musik ist sehr populär in Deutschland. Viele junge Leute kaufen sich Platten oder Kassetten von ihren Lieblingsgruppen. Sie lernen die Worte und singen die Lieder auch auf Englisch. Englische Wörter werden oft gebraucht, um Musik zu beschreiben. Es gibt zum Beispiel Rock, Pop, Punk, Jazz, Blues, Klassische- und Volksmusik. Welche Musik magst du am liebsten?

GERN
Ich höre gern . . .
Ich höre besonders
 gern . . .
Ich mag . . .
Ich liebe . . .

NICHT GERN
Ich höre nicht gern . . .
Ich mag keine . . .
Ich hasse . . .

Popmusik
Rockmusik
Jazzmusik
Funkmusik
Blues
Klassische Musik
Volksmusik
Punkmusik
Reggaemusik
Heavy Metal

1 Practise expressing your views about music using the ideas above.
2 Ask other pupils and your teacher, in German, about the kind of music they like and dislike.
   Was für Musik hörst du/hören Sie gern?

Brieffreunde . . . Sport und Freizeit ▼

Köln, den 20. 1. 1990

Liebe Juliane!

In Deinem letzten Brief hast Du mir geschrieben, welche Sportarten Du gern treibst. Ich will Dir heute auch sagen, was ich gern für Sport mache. Im Winter spiele ich sehr gern Rugby und Fußball. Wir haben einen sehr guten Rugbytrainer hier in der Schule und trainieren oft dreimal in der Woche. Wir haben fast alle Spiele gewonnen! Im Sommer mache ich gern Leichtathletik, besonders 200 m Lauf. Ich schwimme auch gern. In der Nähe von uns ist ein großes Freibad und am Wochenende gehe ich oft mit meinen Geschwistern schwimmen. Könnt Ihr im Meer schwimmen gehen oder ist es auch zu weit? Du hast mir geschrieben, daß du besonders gern zum Ballett gehst. Meine Schwester, Ute, hat Ballett auch sehr gern. Vielleicht kannst Du mir im nächsten Brief mehr darüber schreiben. Bitte schreib bald.

Mit freundlichen Grüßen,
Dein Gerald

1 Why do you think Gerald is so keen on rugby?
2 Which sports does he prefer in the summer?
3 Use the above to help you write a letter giving details of what you like to do in the summer and winter.

Role-play practice

Make up your own answers to these questions, then practise the role play with a partner. You have already been given the start of the answer.

1 Was machst du gern in deiner Freizeit?
   – Ich gehe gern . . .
2 Was für Sport treibst du gern?
   – Ich treibe . . .
3 Was für Sport siehst du gern im Fernsehen?
   – Ich sehe . . .
4 Welche sind deine Lieblingssendungen?
   – Meine Lieblingssendungen . . .
5 Was für Filme siehst du gern im Kino?
   – Ich sehe gern . . .
6 Gehst du gern ins Theater?
   – Ja, ich gehe . . ./Nein, ich gehe nicht . . .
7 Was für Musik hörst du gern?
   – Ich höre . . .
8 Welche ist deine Lieblingsgruppe?
   – Meine Lieblingsgruppe . . .
9 Was sind deine Lieblingsplatten oder -kassetten?
   – Meine . . .
10 Liest du gern? Was liest du am liebsten?
   – Ja, ich lese . . ./Am liebsten lese ich . . .

▷ With a partner, make up a conversation between the two characters below.

Now that you have completed the topic, see how much of the above advertisements you can understand.

Which sports are on offer?

Which courses are available for beginners?

Where could you go if you liked dancing, and when?

What winter sport facilities does Pertisau offer?

Which film is being advertised?

School and careers

VHS . . . Volkshochschule ▼

Klasse Programm

1 Politik und Gesellschaft   Seite 9
Politik/Zeitgeschehen, Gesellschaft, Gesprächskreise, Recht, Philosophie

2 Eltern- und Familienbildung   Seite 17
Lern- und Arbeitstechniken, Persönlichkeitsentwicklung, Elternbildung, Haushaltsführung in der Familie

3 Sprache und Kommunikation   Seite 31
Deutsch, Deutsch als Fremdsprache, Englisch, Französisch, Italienisch, Russisch, Spanisch, Niederländisch

4 Kunst, Kultur und Kreativität   Seite 51
Kunst, Literatur, Musik, Zeichnen/Malen/Drucktechnik, Modellieren, Gestalten mit versch. Materialien, Spielen, Theaterspielen/Tanzen, Fotografieren/Film/Medientechnik, Musizieren

5 Mathematik, Naturwissenschaften, Technik   Seite 69
Biologie/Ökologie, Elektrotechnik/Elektronik, Astronomie, Geografie/Reisen/Wanderungen

6 Gesundheit und Sport   Seite 79
Gesundheitsvorsorge, Entspannungstechniken, Gymnastik/Fitnesstraining/Tanz, Schwimmen, Laufen, Selbstverteidigung

7 Wirtschaft, Beruf, Kaufmännische Praxis   Seite 92
Wirtschaft, Elektronische Datenverarbeitung, Rechnungswesen/Buchführung, Beruf, Stenografie, Maschinenschreiben

8 Bildungsberatung und Schulabschlüsse   Seite 105
Allgemeine Bildungsberatung, Nachträgliche Schulabschlüsse

9 Sonderprogramme   Seite 109
Programm in Altentagesstätten und Altenclubs

A Anhang   Seite 113
Allgemeine Hinweise, Verzeichnis der Mitarbeiter, Verzeichnis der Unterrichtsstätten

Tips für Teilnehmer

Wie zahle ich die Kursgebühr?
Der einfachste und bequemste Zahlungsweg ist die Bankabbuchung!
Über weitere Zahlungsmodalitäten informieren wir Sie auf den Seiten 110 bis 112.

Kann jeder teilnehmen?
Das **Mindestalter** für den Besuch von VHS-Veranstaltungen ist 15 Jahre.
Weitere Informationen auf Seite 110

Wer erhält Ermäßigung?
Schüler, Auszubildende, Studenten, Wehr- und Ersatzdienst-Leistende, Arbeitslose, Sozialhilfeempfänger
Nähere Informationen auf Seite 111

1 Which page of the brochure should you turn to for information about the following courses?
  a) painting
  b) typing
  c) dancing
  d) law
2 Who are the courses aimed at, and do you have to pay for them?

Schulplan ▼

| Aula | | Klassenzimmer | | Labor |

Schuldirektor	Werkraum		Sprachlabor	Toiletten
	Lehrerzimmer		Küche	
				Sporthalle
	Garderobe	Büro	Erste Hilfe Raum	

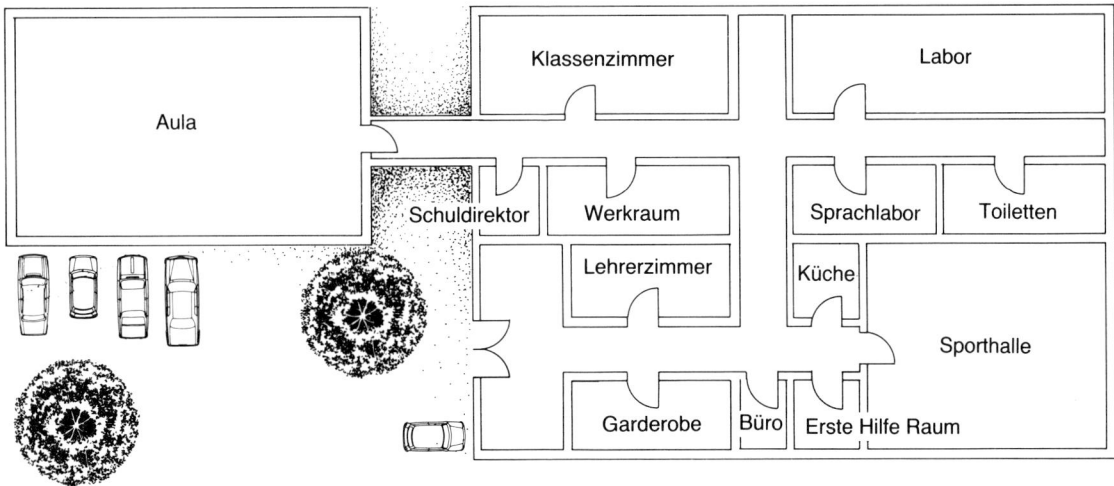

1 Link up the school subjects below with the rooms on the school plan.

Turnen   Biologie   Französisch   Musik   Werken
Kochen   Geschichte   Malen   Erdkunde   Chemie

2 You should have a few rooms left that you have not linked up with a subject . . . What are they used for?

Meinungen ▼

- Geographie ist OK, die Stunden sind recht amüsant
- Kunst ist echt spitze . . . es macht Spaß, der Lehrer ist prima
- Meistens ist Chemie recht interessant
- Werken ist nicht sehr interessant, es kann sogar langweilig sein
- Englisch ist einfach toll. Ich freue mich immer darauf
- Bio ist nicht schlecht und kann manchmal sogar interessant sein
- Mathe ist stink langweilig. Ich schlafe immer wieder ein. Es ist auch zu schwer
- Geschichte ist furchtbar, die Stunden dauern ewig und der Lehrer ist zu streng

The views above express what a student thinks about her subjects . . . and some of her teachers!

1 Read what she has said and place her subjects in what you feel would be her order of preference – her favourite subject at the top of the list and her least favourite at the bottom.
2 Use the views above to help you express what you think of your school subjects. Practise these with a partner, asking questions such as *Wie findest du Geschichte . . . und Erdkunde?*

Schulbericht ▼

SCHULBERICHT

Name ...... KARL MEIER

Klasse 10

Schuljahr ...... 1989 / 90

FÄCHER

Deutsch: *Ungenügend.*

Französisch: **Hat gut gearbeitet.**

Englisch: *Sehr gute Arbeit das ganze Jahr hindurch.*

Geschichte: **Könnte besser sein.**

Geographie: *Ziemlich gut.*

Mathematik: *Sehr schlechte Noten in den Klassenarbeiten.*

Naturwissenschaft: **Sehr gut.**

Musik: *War sehr fleißig.*

Kunst: *Furchtbar! Kein Interesse.*

Religion: *Gute Arbeit.*

Sport: **Hat sich nicht angestrengt.**

Handwerken: *Ein fleißiger Schüler.*

Bemerkungen: **Dieser Schulbericht ist wirklich nicht ausreichend. Karl muß sich im nächsten Jahr mehr anstrengen.**

Klassenlehrer: *H. Feuerstein*

SCHULBERICHT

Name ...... FRANZ SCHMIDT

Klasse 10

Schuljahr ...... 1989 / 90

FÄCHER

Deutsch: *Ausgezeichnet.*

Französisch: **Genügend.**

Englisch: *Könnte viel besser sein.*

Geschichte: **Macht gute Fortschritte.**

Geographie: *Mangelhaft, keine Hausaufgaben gemacht.*

Mathematik: *Sehr gut.*

Naturwissenschaft: **Ungenügend.**

Musik: *Dieser Schüler ist sehr faul.*

Kunst: *Sehr gute Arbeit.*

Religion: *Muß fleißiger sein.*

Sport: *Ein ausgezeichneter Schüler.*

Handwerken: *Könnte besser arbeiten.*

Bemerkungen: **Franz hat sehr gute Ergebnisse erreicht. Er hat das ganze Jahr hindurch sehr gut gearbeitet. Er sollte weiter so machen!**

Klassenlehrer: *H. Feuerstein*

---

1 The school reports above are jumbled up. The good comments for each subject should have been written on Franz's report, the bad comments on Karl's report. Re-arrange the comments where necessary so that this is the case.

2 With the help of the wide range of comments above, write an honest assessment of how you have worked in your subjects this year.

Sprache und Kommunikation ▼

Was für Kurse bieten wir an?
Wir haben alle möglichen Kurse an den Volkshochschulen, Abendkurse sowie auch Semesterkurse in vielen verschiedenen Fachrichtungen. In der Sprachabteilung bieten wir eine ganze Reihe moderner Sprachen an, zB Englisch, Französisch, Spanisch und Russisch. Wir haben auch Deutsch als Fach und Deutsch als Fremdsprache.

Warum einen Fremdsprachenkursus machen?
Es gibt viele verschiedene Gründe – Job, Hobby, Spaß, Ferien, Verwandte, Brieffreunde und vieles mehr. Unsere Lehrer versuchen, Ihnen die Sprache beizubringen aber auch über Kultur und Lebensweise in anderen Ländern zu erzählen. Eine Fremdsprache ist ein Schlüssel zum Herzen eines anderen Volkes, denn ohne Sprachkenntnisse können Sie nie ein anderes Volk oder Land richtig kennenlernen.

Wer kann bei uns studieren?
Jeder ist willkommen, ob jung oder alt. Sprachgenie oder nicht. Wir haben Anfängergruppen genauso wie verschiedene Gruppen für Fortgeschrittene.
Bis bald . . . see you soon . . . à bientôt!!!

1 When do the language courses take place?
2 Why is German mentioned twice in the list of courses?
3 What reasons are given for learning a foreign language?
4 What sort of student are the courses aimed at?

Die Schule in Deutschland ▼

How much do you know about German schools? Try the following quiz, answering whether the statements are true or false. The correct answers are on the next page . . . no cheating!

1 Die Schulen fangen in England früher an.
2 In Deutschland tragen die Schüler keine Uniform.
3 In Deutschland gibt es keine Mittagspause.
4 In Deutschland mußt du deine eigenen Bücher kaufen.
5 In Deutschland sind die Schulferien länger.
6 In Deutschland mußt du bis zum 18. Lebensjahr an der Schule bleiben.
7 Normalerweise gibt es Jahresendprüfungen in Deutschland.
8 Wenn du faul bist, mußt du das Jahr wiederholen.
9 In Deutschland mußt du samstags zur Schule gehen.
10 Deutsche Schulmannschaften spielen normalerweise nicht gegeneinander.

Brieffreunde . . . Das Schulleben ▼

Lieber Francis!

Wie geht es Dir? Es tut mir leid, daß ich nicht früher geschrieben habe aber wir hatten viele Hausaufgaben und ich habe absolut keine Zeit zum Schreiben gehabt. Ja, Du fragst wie die Schule hier ist. Nicht schlecht, glaube ich. Wir fangen zwar viel zeitiger an als Ihr, und zwar um 8¹⁰ Uhr, können aber um 13¹⁰ Uhr nach Hause gehen. Wir haben 6 Unterrichtsstunden pro Tag. Eine Stunde dauert 45 Minuten. Sonnabends haben wir nur 4 Stunden und selbstverständlich sonntags schulfrei! Wir brauchen auch Ruhe, nicht wahr! Ich habe insgesamt 13 Fächer. Meine Lieblingsfächer sind Französisch und Englisch. Ich weiß nicht ganz, was ich später einmal machen möchte, aber ich finde Fremdsprachen unheimlich wichtig. Im letzten Halbjahres-zeugnis hatte ich sehr gute Noten in diesen beiden Fächern. Erzähl mir von Deiner Schule, Deinen Fächern usw. Ich verstehe gar nicht, warum Ihr eine Schuluniform tragt und so lange in der Schule bleiben müßt. Da finde ich unser System besser, und Du?

Schreib bald!
Dein Alexander.

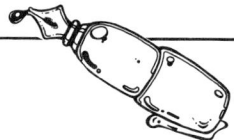

Use the letter above to help you write about your school. Give details of when you start and finish, how long lessons are, how many subjects you study, what you're good and bad at, and what your favourite lessons are. The following vocabulary may be useful:

echt spitze . . . really great . . .
völlig langweilig . . . totally boring . . .
ich freue mich auf . . . I look forward to . . .
ich genieße wirklich . . . I really enjoy . . .
Ich bin hervorragend in . . .
    I'm really good at . . .
Ich bin gut in . . . I'm good at . . .
Ich bin durchschnittlich in . . .
    I'm average at . . .
Ich bin hoffnungslos in . . . I'm useless at . . .

Die Schule in Deutschland: quiz answers

1 True	6 False
2 True	7 True
3 False	8 True
4 False	9 True
5 True	10 False

Stellengesuche/Stellenangebote ▼

Taxifahrer für Samstag, Sonntag Tagschicht und Freitag, Samstag Nachtschicht ges. Tel. 0241/511871 od. 02408/1814

Barmädchen zw. 18 u. 30 ges., An-Abfaht frei. Tel. ab 11 Uhr 02405/92323

Suche Junge Floristin in AC. Tel. AC 27580

Zuverlässige Putzhilfe. 1 × wöchentl. 4 Std. von Arztfamilie fur Haushalt in Kornelimunster gesucht. Tel. 02408/4921

Suche ab sofort selbständige(n) Koch/Köchin und Küchenhilfe in Dauerstellung. Kost und Logie auf Wunsch im Haus. Monschau. Tel. 02472/3289

Gärtner gesucht – 2 Tage pro Woche, gute Bezahlung. Tel. 02406/1316

Älteres Ehepaar im Sudviert. sucht tierliebe Haushaltshilfe 6 Std. wöchentl. Tel. So. 10–13 Uhr AC 603374

Tüchtiger Bäckergeselle ges., Bäckerei Leo Schumacher, AC-Trierer Str. 123. Tel. AC 571313

Zuverl, Bedienung f. Sa. u. So. ges., Restaurant "Zur Kaiserquelle", Roermonder Str. 552, AC.

Gelernter Elektriker für Küchenanschlüsse und sonstige Arbeiten gesucht. Tel. 02405/2362

Computer Spezialist für große Firma gesucht – 40 Stundenwoche. Tel. AC 698144

Qualif. Arzthelferin, halbtags, mit ganztägiger Urlaubsu. Krankheitsvertretung in Alsdorf gesucht. Zuschriften-NR. 20948 AN AVZ/AN POSTF. 1320, 5110 ALSDORF

Computerfachmann sucht neue Arbeitsstelle – viele Jahre Erfahrung. Tel. AC 587391

Kinderfrau mit eigenen Kindern nimmt Kinder aller Altersstufen. Tel. AC 734200

Student sucht Arbeit am Wochenende – mache alles mögliche. Tel. 02403/162

Gärtner mit langjähriger Erfahrung sucht Arbeit. Tel. 02406/2119

Teilzeitarbeit gesucht. Mache gern alles, wenn es ordentlich bezahlt wird. Tel. AC 27940

Dekorateur mit eigenem Geschäft – preiswert und hilfreich. Zuschriften-Nr. 27853 AN AVZ/AN POSTF. 1250, 5110 ALSFORF

Erfahrener Fahrer mit Führerschein für LKW u. PKW sucht neue Arbeits-' stelle. Zuschriften-Nr. 41637 AN AVZ/AN POSTF, 1225, 2190 AACHEN

1 Which, if any, of the above jobs on offer would be suitable for people wanting work in the following areas:
   a) gardening
   b) nursing
   c) computing
   d) catering
   e) teaching
   f) administration

2 Match, where possible, the situations vacant with the people writing in requesting work.

Berufsberatung ▼

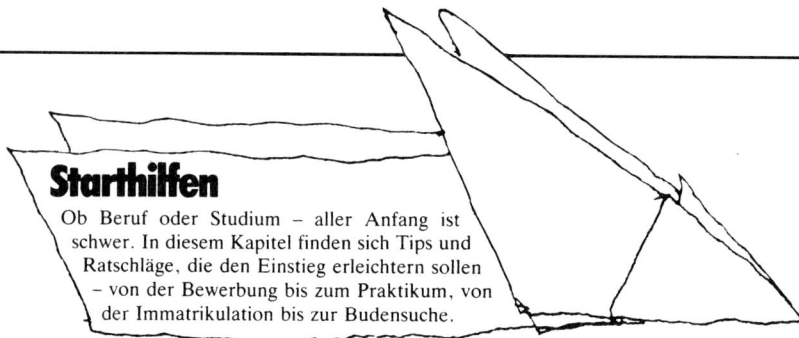

Starthilfen

Ob Beruf oder Studium – aller Anfang ist schwer. In diesem Kapitel finden sich Tips und Ratschläge, die den Einstieg erleichtern sollen – von der Bewerbung bis zum Praktikum, von der Immatrikulation bis zur Budensuche.

Jedes Jahr stellen sich tausende von jungen Leuten dieselben Fragen: Was für ein Studium möchte ich beginnen? Was für einen Beruf möchte ich erlernen? Bekomme ich überhaupt einen Studienplatz oder Arbeitsplatz?

Hast du schon mit dem Lehrer für Berufsberatung gesprochen? Oder bist du schon im Berufsberatungszentrum gewesen?

Für Information über Ausbildung, Qualifikationen und Kurse bitte folgende Seiten sehen:

Für folgende Berufe

1 What exactly is the purpose of the booklet?
2 What does it suggest that you should do regarding your choice of career?
3 Which page(s) of the booklet do you think the following people should consult?

SYLVIE ‚Ich habe immer gute Noten für Physik, Chemie und Biologie gehabt. Ich möchte das gern weiterstudieren.'

THOMAS ‚Ich kann Sprachen ganz gut und möchte sie gern für meine Arbeit benutzen.'

KARL ‚Mein bestes Schulfach war Kochen, ich fand es wirklich interessant.'

ANNA ‚Ich glaube, ich würde gern in einem Büro arbeiten. Ich kann gut tippen und mit Computern arbeiten.'

DIETER ‚Ich habe gute Ergebnisse in den meisten Fächern und würde gern Arbeit finden, wo ich anderen Menschen helfen kann.'

DOMINIK ‚Ich war nicht sehr gut in der Schule und habe eigentlich keine Qualifikationen.'

Role-play practice

Practise the following role play with a partner. In each case the start of the answer has been given.

---

1 Wann fängt die Schule an?
– Sie fängt um . . . an.
2 Wann ist die Schule beendet?
– Sie ist um . . .
3 Wann ist die Mittagspause?
– Sie ist um . . .
4 Wie lange ist die Pause?
– Die Pause ist . . .
5 Wieviele Fächer machst du?
– Ich mache . . .
6 Was ist dein Lieblingsfach?
– Es ist . . .
7 Welches Fach magst du nicht?
– Ich mag . . . nicht.
8 Welche Sportarten machst du in der Schule?
– Ich mache . . .
9 Wie kommst du zur Schule? Mit dem Bus, mit dem Auto oder zu Fuß?
– Ich komme immer . . .
10 Arbeitest du am Abend oder am Wochenende?
– Nein . . ./Ja, ich arbeite . . .
11 Nach deinen GCSE Prüfungen bleibst du an der Schule oder nicht?
– Nach den Prüfungen . . .
12 Was möchtest du machen wenn du die Schule verläßt?
– Ich möchte gern . . .

▷ With a partner, make up a converstion between the two characters in the cartoon below.

Now that you have finished the topic, see how much of the above advertisements you can understand.
Which jobs require young people?
Which are part-time jobs and how many of the courses do you recognise?

Food and drink

Wo gehen wir hin?

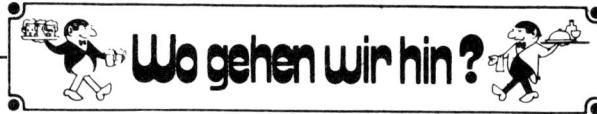

G A S T H O F
Schanzlwirt
– DAS ÄLTESTE GASTHAUS VON GRAZ –
KEIN RUHETAG! WARME KÜCHE VON 9–23 UHR!
KINDER, ELTERN, GROSSELTERN WILLKOMMEN
HILMTEICHSTRASSE 1, 8010 GRAZ, TEL. (0316) 32 3 67

Ihr Gastronom am Bahnhof

Bahnhofrestaurant Graz

Durchgehend warme Küche von 7 bis 22.30 Uhr
– Kein Ruhetag! – Schnell und preiswert bei her-
vorragender Qualität – Großer Gastgarten –
Speisesaal – Gemütlicher Clubraum – Parkplatz!
– Veranstaltungsräume bis 100 Personen – Täg-
lich 3 Menüs zur Auswahl.

*8020 Graz, Europaplatz 3
Telefon (0316) 91 12 81*

CAFÉ – SNACK-BAR   **Old Inn**
☎ 0316/29 61 66
Laboratoriumsstraße – Ecke Johann-Kriegl-Gasse
Unsere Öffnungszeiten: Täglich von 11.00 bis 2.00 Uhr,
Sonn- und Feiertage von 10 – 24 Uhr

Colonic bei Aldo

*Das italienische Spezialitäten-Restaurant
mit Pizzeria
im Herzen der Altstadt
von Düsseldorf*

*Gesellschaftsraum
bis 40 Personen
mit Menueauswahl*

*Durchgehend geöffnet von
12.00–1.00 Uhr nachts.
Kein Ruhetag!
Düsseldorf · Mertensgasse 5-9
Telefon (02 11) 37 73 18*

Schwalbenkrug
Die gemütliche Gaststätte in Unterbach,
Am Schwalbenberg 12, ☎ 02 11 / 20 18 75
Hausgemachte Spezialitäten aus „Mutters Küche"
z. B. Himmel + Erde mit geb. Blutwurst
Kegelbahn · Bier vom Faß: **Fürstenberg Pilsener + Gatzweilers Alt**

CAFÉ CLOCHARD
Keplerstraße 90, A-8020 Graz, ☎ 95 11 62
PIZZA-Spezialitäten von 12.00 – 14.00 Uhr
und 17.00 – 22.00 Uhr
Geöffnet von 11.00 – 23.00 Uhr
Sonn- und Feiertage geschlossen!

---

1 Which of the above restaurants might you
go to if you were near to the railway
station?
2 Which restaurants are open every day?
3 Which restaurant would you choose if you
wanted to eat outside?
4 Where would you go to eat food that wasn't
German?
5 Where could you eat a meal after 10.00 p.m.?

6 Where would you eat home-cooking?
7 Which restaurants welcome children?
8 Using the above to help you, make up your
own advertisement for a restaurant giving
details of opening times, facilities etc. Think
of a good German name for your
restaurant!

Im Schnellimbiß „Zum alten Fritz" ▼

Speisen

Pommes frites	groß –	2.00
	klein –	1,10
Bratwurst	–	1,50
Bockwurst	–	1,50
Currywurst	–	1,90
Zigeunerwurst	–	1,90
Schaschlik	–	2,90
Frikadelle	–	1,60
Hamburger	–	2,40
Cheeseburger	–	2,80

Getränke

Dosen
Cola
Limo
Fanta   je 2,00
Bier   3,00

Tassen
Kaffee 2,00
Tee   1,50

▷ Use this menu to practise asking for the following and work out what the cost will be:
  – a fried sausage, a small portion of chips and a beer
  – a curry sausage, a cheeseburger, a large portion of chips and two coffees
  – a hamburger, a small portion of chips and a lemonade

You may find the following phrases useful:
Ich möchte gern . . .
Geben Sie mir bitte . . .
Eine Dose . . .

Was paßt nicht zusammen? ▼

These foods are listed under the wrong headings – list them correctly.

GEMÜSE	FLEISCH	GETRÄNKE	FRÜCHTE
Äpfel	Pflaumen	Erbsen	Tomaten
Möhren	Bier	Limonade	Lammfleisch
Orangensaft	Rindfleisch	Schweinefleisch	Erdbeeren
Bohnen	Pfirsiche	Bananen	Tee
Gänsefleisch	Blumenkohl	Hähnchen	Wein

Fast Food . . . Eine Umfrage bei Jugendlichen ▼

Fast Food . . . Eine Umfrage bei Jugendlichen

Fast Food ist sehr populär unter jungen Leuten. Wir haben uns entschieden, sie zu fragen, was sie gern essen.

‚Ich esse sehr gern Speisen aus anderen Ländern, besonders von Indien und China. Es schmeckt sehr gut. Die Portionen sind groß und nicht zu teuer.‘	20%
‚Ich habe Bockwurst mit Senf und Brötchen sehr gern. Es ist praktisch, man kann es überall kaufen und mir schmeckt es.‘	19%
‚Ich esse sehr gern ein Big Mac mit einer großen Portion Pommes frites und dazu ein Milchshake. Es kostet nicht viel, geht schnell und ist lecker.‘	33%
‚Ich esse Bratwurst mit Sauerkraut und Salzkartoffeln gern. Es ist auch ein traditionelles Essen.‘	15%
‚Ich kaufe mir öfters eine Pizza mit Tomaten, Champignons und anderen Gemüsearten.‘	12%
‚Ich kaufe mir normalerweise kein Essen von einer Imbißstube, aber wenn ich in England bin, esse ich gern Fish und Chips.‘	1%

1 What do the majority of the young people like and why?
2 What traditional meal do people enjoy?
3 Do any of the young people asked like food from other countries? If so, how many and what sort of food do they like?
4 Does everyone eat meat? If not, what do they eat instead?
5 Make up your own survey. Ask other pupils in German what their favourite food is. Then work out what percentage enjoy what kind of food.

Unser Tip!!! ▼

Rezept: Frucht-Toast

Zutaten für eine Portion:

- 1 Scheibe Weißbrot
- 1 Scheibe Schinken
- 1 Scheibe Käse
- 1 Scheibe Ananas oder Pfirsichstücke aus der Dose
- 2–3 Pilze (in Scheiben schneiden)
- Tomatenketchup

Das Weißbrot von beiden Seiten leicht toasten. Das Brot auf einer Seite mit dem Tomatenketchup bestreichen und die Pilze darauf legen. Jetzt den Schinken und dann die Scheibe Ananas darüber legen. Zuletzt den Käse darauf legen. Nun wird alles im Grill oder im Ofen überbacken, bis der Käse zu schmelzen beginnt. Den Toast mit gemischten Salat essen – dazu ein Glas Orangensaft trinken. Es geht schnell, ist billig und schmeckt gut.

1 In your own words, briefly describe *Frucht-Toast*.
2 What is the serving suggestion?
3 Which three reasons are given for making *Frucht-Toast*?

Wie macht man ein Pilzomelett?

- Ein bißchen Butter in der Pfanne zergehen lassen.
- Einen gemischten Salat vorbereiten.
- Etwas Käse reiben und über das Omelett streuen.
- Alles in einer Pfanne für ein paar Minuten braten, bis das Omelett fertig ist.
- Die Pilze waschen.
- Mit Salz und Pfeffer abschmecken und alles zusammen mischen.
- Die Pilze in Scheiben schneiden.
- Das Omelett mit einem Salat servieren.
- Die Eier aufschlagen und in einen Topf geben.

---

1 The directions above are in the wrong order. Rearrange them so that they follow on logically and form the real recipe for *Pilzomelett*.

2 List the commands used in the above two recipes and use them, plus any others you might know, to write out a recipe of your own.

Am Kurhaus ▼

KURHAUS
RESTAURANT
Bad Bevensen der gesellschaftliche Mittelpunkt

- Café-Restaurant-Terrasse
- Freundlicher Service durch geschulte Mitarbeiter,
  gute Musik durch Musiker der Kurkapelle (19 bis 22 Uhr, donnerstags).
- Mittwoch, Freitag und Sonntag Tanztee
- Tanzabende siehe Veranstaltungskalender
- Verschiedene Gesellschaftsräume von 10 bis 500 Personen.
  (Ideal für Seminare, Familienfeiern, Betriebsausflüge und Tagungen).
- Ganzjährig geöffnet, kein Ruhetag

Kurhaus Bad Bevensen, Dahlenburger Str., Postfach 1240, Tel. (05821) 3023

▷ List the attractions of the Kurhausrestaurant.

Mini-Test . . . Trinken ▼

Habe ich die richtigen Trinkgewohnheiten?

1. **Ich trinke täglich**
   - ☐ weniger als 1 Liter Flüssigkeit — 4 Punkte
   - ☑ 2 – 3 Liter Flüssigkeit — 2 Punkte
   - ☐ weit mehr — 2 Punkte

2. **Ich trinke bevorzugt**
   - ☐ Mineral- und Heilwässer — 2 Punkte
   - ☑ Limonaden und Cola-Getränke — 4 Punkte
   - ☐ Kräutertees — 2 Punkte

3. **Ich trinke am Morgen**
   - ☑ Kaffee oder schwarzen Tee — 3 Punkte
   - ☐ Milch oder Kakao — 2 Punkte
   - ☐ gar nichts — 4 Punkte

4. **Ich trinke am Mittag**
   - ☑ Mineralwasser oder Fruchtsaft — 2 Punkte
   - ☐ Limonade — 3 Punkte
   - ☐ Wein oder Bier — 3 Punkte
   - ☐ gar nichts — 4 Punkte

5. **Ich trinke am Abend**
   - ☐ Kräutertee — 2 Punkte
   - ☑ Bier oder Wein — 3 Punkte
   - ☐ Mineralwasser — 2 Punkte
   - ☐ gar nichts — 4 Punkte

6. **Wenn ich weniger esse, z. B. während einer Diät, trinke ich**
   - ☐ weniger als sonst — 4 Punkte
   - ☑ mehr als sonst — 2 Punkte

Testergebnis:

Habe ich die richtigen Trinkgewohnheiten?

Bis zu 12 Punkten sind Ihre Trinkgewohnheiten richtig.

Ab 13 Punkte sollten Sie dazu übergehen, ein Mineral- oder Heilwasser aus der Apotheke als tägliches Getränk einzuführen, besonders, wenn Sie eine Diät durchführen. Auch Kräutertees sollten ab und zu anstelle anderer Getränke getrunken werden.

1 What does the score from the completed questionnaire tell us about the person who filled it in?
2 Which boxes would you have ticked if you had filled in your own details?
3 What, according to the test, would be the best and the worst daily intake of drinks you could have?

Deutscher Wein ▼

In Deutschland gibt es viele verschiedene Weinsorten. Jede Gegend hat ihre besonderen Weine. Vielleicht haben Sie schon von den zwei Hauptanbaugebieten gehört – dem Rhein und der Mosel.

◆

Jede Weinflasche hat ein Etikett, auf dem viele Angaben über den Wein stehen. Es steht drauf, wann und wo der Wein hergestellt wurde sowie auch Hinweise über die Qualität – zum Beispiel, ob der Wein herb oder lieblich ist.

◆

Aber wie weiß man, welchen Wein man zu welcher Gelegenheit trinkt? Wann paßt ein Rotwein besser? Wann paßt ein Weißwein besser? Wann bevorzugt man einen herben und wann einen lieblichen Wein?

Peter Mertes

ABFÜLLER:
WEINKELLEREI GMBH   BERNKASTEL-KUES

Süß   Fruchtig

1984er
Liebfraumilch
QUALITÄTSWEIN — A. P. Nr. 5 907 021 231 86

Rheinpfalz

Product of Germany   70 cl e
                                      9 % vol.

Rotwein trinkt man am besten zu Fleischgerichten wie Rindfleisch oder Lammfleisch. Zu Käse schmeckt Rotwein ausgezeichnet.
Weißwein trinkt man besser zu Huhn, Kaninchen oder einigen Fischgerichten. Zur Hauptspeise sollte man eher einen herben Wein wählen. Zum Nachtisch schmeckt ein etwas lieblicherer Wein oft besser.

. . . und zu Bockwurst trinkt man Bier!

1 What are the names of the two main areas for German wine?
2 What information can you find out from the label on a wine bottle?
3 Which foods are recommended to be eaten with red and which with white wine?
4 What would you understand about wines which have the following on the label:
  a) kühl servieren
  b) Dessertwein
  c) Am besten zimmerwarm servieren
  d) Tafelwein
  e) eisgekühlt trinken

Brieffreunde . . . Geburtstagsessen ▼

Lieber Onkel Gerhardt,

Ich möchte mich für Deine liebe Geburtstagskarte und für die 20 DM bedanken. Ich bin mit zwei guten Freunden zu einem McDonalds in Aachen gefahren. Dort habe ich mein Lieblingsessen bestellt - ein Big Mac, eine große Portion Pommes frites, eine Erdbeermilch und eine Apfeltasche als Nachtisch. Ganz lecker! Danach haben wir einen Stadtbummel gemacht und dann habe ich Kaffee und Kuchen für uns bestellt. Also, Dein Geld war sehr hilfreich. Nochmals vielen Dank dafür. Liebe Grüße an die Familie.

Dein Jörg

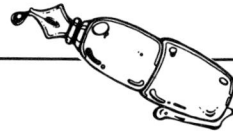

▷ Use the above letter to help you write an account of a visit to a restaurant, describing what you had to eat.

Link them up ▼

Link up each German phrase to its English equivalent.

1 Die Speisekarte bitte.
2 Was für Suppen haben Sie?
3 Einen Tisch für vier Personen bitte.
4 Kann ich Ihnen helfen?
5 Was für Getränke haben Sie?
6 Ich möchte ein Glas Wein und eine Limonade bitte.
7 Möchten Sie noch etwas haben?
8 Ich möchte eine Tomatensuppe und ein Schnitzel mit Röstkartoffeln.
9 Eine Tasse Kaffee und ein Kännchen Tee mit Zitrone bitte.
10 Herr Ober, die Rechnung bitte!

- Would you like anything else?
- A cup of coffee and a pot of lemon tea please.
- Waiter! The bill please.
- I'd like a tomato soup, a schnitzel and fried potatoes please.
- What kind of soup have you got?
- A table for four please.
- The menu please.
- I'd like a glass of wine and a lemonade please.
- Can I help you?
- What kind of drinks have you got?

▷ Look at the German questions. Using the other phrases, work out suitable responses to them.

Im Restaurant ▼

GAMBRINUS KELLER

München
Färbergasse 6–8
Tel. 70 65 82

Geöffnet täglich von 12 bis 22 Uhr

SPEISEKARTE

Vorspeisen

Tomatensuppe	1,20
Gulaschsuppe	1,20
Nudelsuppe	1,00
Geflügelcocktail	3,10

Hauptgerichte

Omelett mit Champignons	4,50
Schnitzel mit Bratkartoffeln und Erbsen	9,80
Roulade mit Klößen und Rotkraut	10,20
Lammkotlett mit Bratkartoffeln und Apfelsoße	11,50
Bratwurst mit Kartoffelsalat	3,90
Bockwurst mit Brötchen	1,50
Schweinesteak mit Pommes frites und Gemüse	9,90
Käse-Fondue pro Person	10,50

Nachspeisen

Gemischtes Eis mit Früchten	3,75
Obstsalat	2,50
Schwarzwälderkirschtorte mit Sahne	2,80
Apfelstrudel mit Sahne	2,30
Schokoladenpudding mit Vanillesoße	1,20

GETRÄNKEKARTE

Heiße Getränke

Tee (Kännchen)	2,30
Kaffee (Kännchen)	3,00
Schokolade (Tasse)	1,50

Nichtalkoholische Getränke

Orangensaft	1,80
Apfelsaft	1,40
Limonade	0,90
Cola	1,20
Mineralwasser	0,50

Alkoholische Getränke

Bier	
Pilsner Urquell (Fl.)	3,00
Weißwein	
Liebfrauenmilch	7,50
Hausmarke (lieblich, süß)	6,80
Rotwein	
Burgunder	8,20
Stierblut	7,30
(Preis für Weine pro Flasche)	

1 When is the restaurant open?
2 Which of the starters and main courses would be suitable for a vegetarian?
3 What is served with the meat dishes?
4 Which desserts are served with cream?
5 How much would you pay for a meal consisting of the following:

   1 tomato soup   1 fruit salad
   1 lamb chop   1 glass of house white wine

6 With a partner practise ordering from the above menu. Use the phrases from the previous page to help you.

Bemerkungen? ▼

Schnellimbißstuben

Wir möchten Sie willkommen heißen und wären Ihnen sehr dankbar, wenn Sie unser Formular ausfüllen, damit wir Ihnen noch besser dienen können.

Datum: *16. Juni*
Name: *Hans-Dieter Schubert*
Adresse: *Linden Str. 19*
Telefonnr: *50 68 92*

Bitte Ihre Bemerkungen hier schreiben:

Gar nicht schlecht. Gute freundliche Bedienung - das Essen war gut, mit einer guten Auswahl. Es war nur ein bißchen zu teuer.

Hier sind die Meinungen verschiedener Kunden:

a) ‚Ich mußte zu lange auf einen Tisch warten und das Essen war zu fettig – enttäuschend.‘

b) ‚Sehr gut, ein schönes, gemütliches Restaurant mit gutem Essen u. guten Getränken – recht preiswert.‘

c) ‚Andere Freunde haben es mir empfohlen, kann es aber leider nicht weiterempfehlen – das Essen war kalt, das Bier warm und die Kellnerin hat mich nicht beachtet.‘

d) ‚Prima, beide angenehm überrascht. Haben das Restaurant durch Zufall gefunden, haben eine schöne Zeit hier verbracht.‘

e) ‚Das Restaurant ist an sich sehr schön. Wenn die Bedienung nur schneller wäre, hätten wir uns wohler gefühlt – vielleicht noch ein paar Kellner oder Kellnerinnen einstellen.‘

f) ‚Der Tisch war schmutzig u. das Essen fast kalt. Wir können viel besser zu Hause essen.‘

g) ‚Die Auswahl für Erwachsene ist gut aber es gibt nicht genug Auswahl für Kinder. Sie könnten mehr Essen für Kinder haben – auch noch ein paar Kindersitze.‘

h) ‚Wir sind eine größere Gruppe – feiern einen Familiengeburtstag – sind sehr zufrieden mit dem Essen gewesen – die Bedienung war sehr gut – ein bißchen Musik wäre schön.‘

i) ‚Ich komme nie wieder hierher – auch wenn ich Geld dafür kriegen würde – es stank nach Rauch, nicht nur nach Knoblauch! Der Kellner war betrunken und hat Suppe über mich gekippt – er hat sich nicht mal entschuldigt!‘

1 Classify the comments above into complaints and compliments.

2 In German, write out your own 'comments' . . . a note saying how good the service was etc. . . . a complaint stating that your food was cold, the service bad etc.

Role-play practice

Make up answers to the following questions and practise the role play with a partner. The start of each answer has been given.

---

1 Was ist dein Lieblingsgetränk?
– Mein Lieblingsgetränk ist . . .
2 Was ist dein Lieblingsessen?
– Mein Lieblingsessen ist . . .
3 Was ißt du nicht gern?
– Ich esse . . . nicht gern.
4 Was ißt du zum Frühstück?
– Ich esse . . .
5 Wo ißt du mittags? Was ißt du zu Mittag?
– Ich esse . . .
6 Beschreibe ein Essen, das du im Restaurant gegessen hast.
– Im Restaurant habe ich . . . gegessen.
7 Beschreibe ein typisches englisches Essen.
– In England ißt man . . .
8 Was für Fast Food ißt du gern?
– Ich esse gern . . .

▷ With a partner, make up a conversation between the characters in the cartoon below.

Now that you have completed the topic, see
how much of the above advertisements you
can understand.

Which of the restaurants specialise in food
that is not German and which specialise in
cakes or drinks?

Which restaurant is near the station?

Which is open earliest and which latest?

Getting there

Fahrkarten bitte! ▼

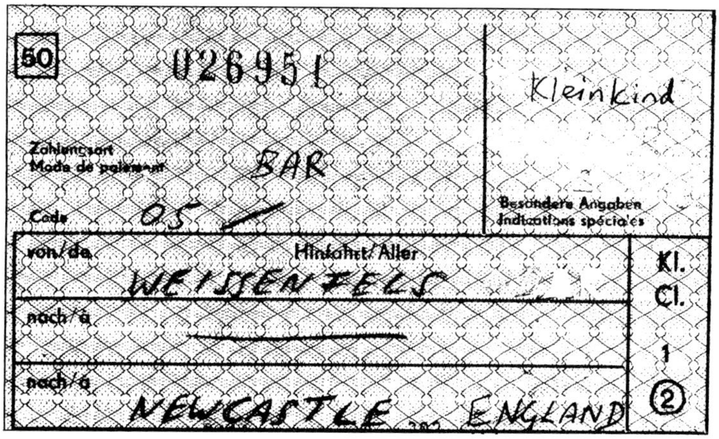

50 026951

Zahlungsort
Mode de paiement   BAR

Code   05

Kleinkind

Besondere Angaben
Indications spéciales

von/de   Hinfahrt/Aller   Kl.
WEISSENFELS   Cl.

nach/à   1

nach/à
NEWCASTLE ... ENGLAND   ②

316445   JAN/88
HAGENER   DEZ/88
STRAβENBAHN AG

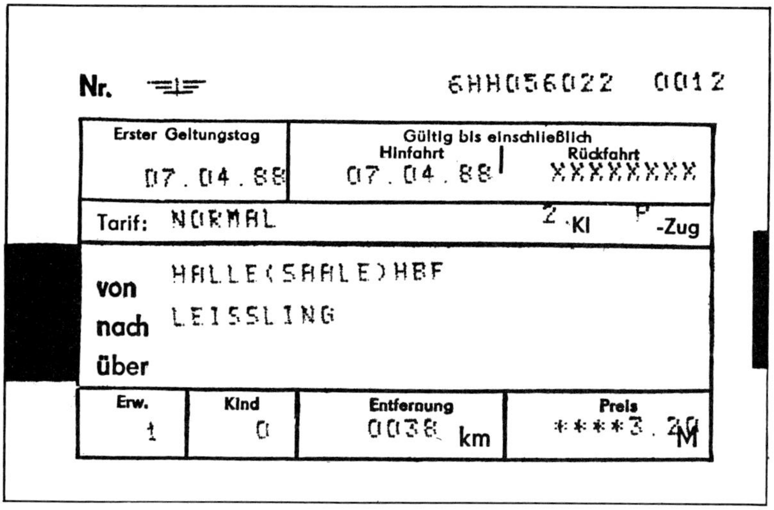

Nr.		6HH056022 0012

| Erster Geltungstag | Gültig bis einschließlich | |
	Hinfahrt	Rückfahrt
07.04.88	07.04.88	XXXXXXXX

Tarif: NORMAL   2 .Kl   P -Zug

von   HALLE(SAALE)HBF

nach   LEISSLING

über

Erw.	Kind	Entfernung	Preis
1	0	0038 km	****3.20 M

160488
SONNTAGS
RÜCKFAHRKARTE

Personenzug
Halle Hbf.
Naumburg

2Kl.- 4.20DM

AB	PREIS	NR	LINIE
11	1.80	307	25
07 AP 89			

260488
Doppelkarte
Personenzug
Düsseldorf Hbf.

Essen Hbf.
und züruck
Gültig 1 Tage
2K1,-16.30

DB Deutsche Bundesbahn

LANGERWEHE 1811   1549
Von (Ausgabestelle) FAA-Nr.   lfd. Nr.

070488 10 2 [04] E* *4,00
Datum Uhrzeit Kl Zone Tarif DM

(Tarif siehe Rückseite)

Fahrausweis
für eine Fahrt
1.00
DM
Nur gültig mit
Entwerteraufdruck
Tarifliche Hinweise auf der Rückseite
2   0
DVG Duisburger
Verkehrsgesellschaft AG DVG

1 How much information can you get from
   each of these tickets? For instance:
   a) What type of transport did the ticket
      come from?
   b) Is it single or return and is it valid for certain
      periods of time?

2 What ticket information is given below?

| Bitte nicht vergessen, Ihre Fahrkarte zu entwerten |

| Fahrkartenschalter |

| Bitte Ihre Fahrkarte behalten bis Sie Ihre Fahrt beendet haben |

| Jahresfahrausweise und Busausweise |

Wohin? ▼

Which way should you go for the following?

a) the waiting room
b) the underground
c) the ticket office
d) the exit
e) the left luggage office
f) the lost property office

WEGZEIGER		
↑	→	←
Ausgang	Zu den Zügen	Fremdenverkehrsbüro
Gepäckaufbewahrung	Zimmernachweis	Wechselstube
Fahrkarten	Fahrkartenautomaten	Geschäfte
Informationsschalter	Fundbüro	Erste Hilfe
Bahnhofsgaststätte	Telefonzellen	Platzkarten
Zu den Bussen	U-Bahnhof	Wartesaal

Fahrkarten kaufen ▼

1 Where would you buy the following tickets?

a) a ticket for the underground that was valid for a day
b) a single ticket for the bus
c) a pass for multiple journeys on the train

Wo Sie Fahrausweise kaufen können

		Einzelfahr-ausweise	24-Stunden-Fahrausweise	Mehrfahrten-ausweise
🚌	Bus	beim Fahrer	beim Fahrer und bei Vor-verkaufsstellen	bei Vorverkaufs-stellen
🚋	Straßenbahn	beim Fahrer	beim Fahrer und bei Vor-verkaufsstellen	bei Vorverkaufs-stellen
Ⓤ	Stadtbahn	am Fahrausweis-automaten	am Fahrausweis-automaten	am Fahrausweis-automaten
Ⓢ	S-Bahn	am Fahrausweis-automaten	am Fahrausweis-automaten	am Fahrausweis-automaten
🚈	zuschlag-freie Züge			
🚝	Schwebe-bahn in Wuppertal	am Fahrausweis-automaten	am Fahrausweis-automaten	am Fahrausweis-automaten

2 The following instructions tell you how to go about buying a rail ticket from a machine. However, the directions are in the wrong order. Put them into the correct order so that they make sense.

a) Drücken Sie den Knopf für die gewünschte Strecke.
b) Sehen Sie den Plan an, suchen Sie den Ort, wo Sie hinfahren wollen.
c) Werfen Sie Ihr Geld ein, nehmen Sie die Fahrkarte und das Rückgeld.
d) Sie sehen den Preis.
e) Bitte behalten Sie Ihre Fahrkarte bis Sie Ihre Fahrt beendet haben.
f) Gehen Sie mit Ihrer Fahrkarte zum (automatischen) Eingang.
g) Bitte immer eine Fahrkarte kaufen, nie schwarzfahren.

Fahrplanauszug ▼

Fahrplanauszug
Winter 1987/88

27. September 1987 bis
28. Mai 1988

Düsseldorf ➡ Aachen

100 Km

Verkehrszeiten	ab	Zug	an	Service	Umsteigen in	an	ab	Zug
werktags	4.39	N8304	6.17					
Sa, nicht wenn Feiertag, nicht 26.XII.	5.07	N5002	6.56		Köln	5.44	6.05	E3650
werktags außer Sa, nicht 24., 31.XII.	5.07	N5002	6.56		Köln	5.44	6.05	E3400
	5.46	N5502	7.21					
werktags	5.55	E3024	7.37					
werktags außer Sa, nicht 24., 31.XII.	6.03	E3150	7.27		M-Gladb	6.26	6.33	E3060
	6.31	EC 5	7.48		Köln	6.53	7.06	D310
	6.51	D244	8.07					
So- u Feiertage	6.55	E3044	8.23					
	7.19	D232	8.32					
	7.49	EC 40	8.57					
	8.31	EC 11	9.43		Köln	8.53	9.03	D224
	9.07	E3286	10.42					
	9.31	EC 7	11.10		Köln	9.53	10.08	E3656
Mo bis Fr, nicht 24., 31.XII.	9.43	N5412	11.24					
	10.37	IC 513	11.58		Köln	11.00	11.15	D314
Mo bis Sa	10.57	E3156	12.28					
	11.36	EC 3	12.50		Köln	12.00	12.08	D318
Mo bis Sa	11.42	E3176	13.17					
	11.56	E3264	13.30					
	12.32	D2309	14.01		Köln	13.10	13.20	EC 42
	13.00	N8308	14.40					
	13.37	EC 9	15.03		Köln	14.00	14.08	E3666
	14.03	N5422	15.35		M-Gladb	14.33	14.48	D2538
Sa, nicht wenn Feiertag, nicht 26.XII.	14.25	N5424	16.15					
	14.31	IC 515	15.58		Köln	14.53	15.15	D320
So- u Feiertage	14.42	N8350	16.15					
	15.25	IC 530	16.50		Köln	15.47	16.08	D322
werktags außer Sa, nicht 24., 31.XII.	15.37	N5426	17.07					
	15.56	D2940	17.14					

Which train would you recommend for the following people going to Aachen?

a) someone who wants to get to a meeting there at 9.30 on a weekday morning

b) someone who wants to get there between 12 and 1 o'clock on a Saturday lunchtime

c) someone who wants to get there at about 4.30 on a Sunday afternoon

1 Complete the following with information from the advertisement on the right.
   a) If you want to travel in the Christmas period . . .
   b) Reserving a seat costs . . .
   c) When you reserve your seat you can choose . . .

Weihnachtszeit ist Reisezeit. Reservieren Sie sich Ihren Sitzplatz rechtzeitig.

Wenn Sie zu Weihnachten – oder in der Zeit danach bis zum 3. Januar – verreisen wollen, lohnt es sich auf jeden Fall, Ihren Platz im Zug frühzeitig zu reservieren.
Sitzplätze können Sie, auch telefonisch, schon zwei Monate vor Reisean-tritt buchen lassen. Das Reservieren in FD- und D-Zügen kostet je Platz 3,50 DM. EC-/IC-Zuschläge schließen die Gebühren für die Platzreservierung ohne zusätzliche Berechnung ein. Im Bereich der DB ist die Reservierung im Anschlußzug frei.

Sie wählen selbst, wo Sie sitzen wollen.

Bei der Reservierung können Sie – soweit vorhanden – zwischen Groß-raum- und Abteilwagen, zwischen Raucher- und Nichtraucherabteil und zwischen Fenster-, Mittel- und Gang-platz wählen. Wenn der gewünschte Platz ausverkauft ist, können Sie nach Belieben umdisponieren.

Reisetip des Monats

Mit diesem Reisetip gibt's heute 'ne Top-Nachricht für junge Leute!

★ Zu der beliebten Inter-Rail-Karte bietet die Bahn jetzt eine erweiterte Variante an: "Inter-Rail + Schiff". Die neue Karte schließt die Benutzung bestimmter Schiffslinien über Ostsee und Mittelmeer ein – ohne Zuzahlung. Sie kostet 500 Mark. Und gilt von jedem beliebigen Tag an einen ganzen Monat lang. Genau wie die gewöhnliche Inter-Rail-Karte. Und sie bringt wie diese auf den Bahnstrecken des Heimatlandes 50 Prozent Fahrpreisermäßigung. In 19 weiteren europäischen Ländern und Marokko können die Züge kostenlos benutzt werden. "Inter-Rail + Schiff" – die neue Reise-Motivation für junge Leute bis 25. Am besten gleich besorgen!

Text und Zeichnung: Schwarz (Frankfurt/M)

True or false?

1 Inter-rail is not just for rail travel.
2 All Inter-rail tickets are valid for a month.
3 The ticket does not apply to travel in your own country.
4 The ticket is only valid in Europe.
5 The ticket is only for people aged under 25.

Link them up ▼

Link up the English phrases with the correct German translation from the box.

1 A seat in a non-smoking compartment please.
2 Do I have to change?
3 I would like to reserve a seat.
4 How much is a single ticket?
5 What time does the train leave?

6 A return ticket please.
7 Which platform does the train leave from?
8 Excuse me, where is the ticket office?
9 When would you like to travel?
10 When is the next train please?

- Entschuldigen Sie bitte, wo ist der Fahrkartenschalter?
- Wann möchten Sie fahren?
- Eine Rückfahrkarte bitte.
- Der Zug fährt auf welchem Gleis?
- Ich möchte einen Platz in einem Nichtraucherabteil.
- Wann fährt der nächste Zug bitte?
- Ich möchte einen Platz reservieren.
- Was kostet eine einfache Fahrt?
- Muß ich umsteigen?
- Um wieviel Uhr fährt der Zug ab?

▷ Put the German phrases into the right order (with a few of your own) to form a dialogue at a railway ticket office . . . Play the part of someone buying a ticket to Bonn, and practise the dialogue with a partner.

Einsteigen bitte! ▼

1 Which two reasons are given for you choosing to travel with the Köln-Düsseldorfer?
2 What kind of holidays are mentioned?
3 Where should you go for information about the Köln-Düsseldorfer?

1 List the advantages of travelling with Hoverspeed.
2 Where can you book your Hoverspeed tickets?

Am Flughafen ▼

❶	Gepäckaufbewahrung
❷	Autovermietung
❸	Luftverkehrsgesellschaften, Reiseveranstalter
❹	Bank – Exchange
❺	Verkehrsamt
❻	Reisebüro
❼	Spielwaren
❽	Lebensmittel
❾	Tabakwaren
❿	Fotoartikel
⓫	Zeitschriften
⓬	Juwelier / Lotto
⓭	Parfümerie
⓮	Schreibwaren / Briefmarken
⓯	Blumen
⓰	Süßwaren
⓱	Spielhalle
⓲	Souvenirs

☒ Treffpunkt
ⓘ Information
♿ Behinderten-WC

A 1 Aufzug zum BFG-Gasteraum Restaurant – Pub / Konferenzraum Paris
A 2 Aufzug zu den Konferenzraumen London – New York

Galerie

⓳	Post, Telefon
⓴	Arbeitsamt
㉑	Bank-Filiale
㉒	Friseur

Für Reisende auch sonn- und feiertags geöffnet!

Which numbers on the airport plan refer to the following?
a) the flight information desk
b) a place where you can buy stamps
c) the newsagents
d) the luggage office
e) the desk for general travel information

ANKUNFT			
PLANMÄSSIG	VON	FLUG	BEMERKUNG
18.50	LONDON	BA 261	GELANDET
19.00	ESSEN	LH 382	VERSPÄTET 19.50
19.30	PARIS	AF 169	GELANDET
19.40	HANNOVER	LH 204	ERWARTET UM 20.30
19.50	HAMBURG	LH 283	NEUE INFORMATION 20.15

ABFLUG				
PLANMÄSSIG	NACH	FLUG	AUSGANG	BEMERKUNG
19.15	DORTMUND	LH 436	5	PASSKONTROLLE
19.45	LYON	AF 174	2	EINSTEIGBEREIT
20.00	FRANKFURT	LH 206	1	PASSKONTROLLE
20.15	LONDON	BA 162		NEUE INFORMATION 20.30
20.30	BONN	LH 104	4	VERSPÄTET 20.45

1 Which planes are not on time?
2 What should you be doing if you are taking the plane to Dortmund or Lyon?

Autobahnservice ▼

* * *

Das gehört zu den außergewöhnlichen Leistungen der „Autobahner" an 270 Tankstellen und in 162 Raststätten mit 53 Motels: Sie erfüllen ihren Dienst rund um die Uhr, an Werk- und Feiertagen. Der Autofahrer kann zwischen komfortablen Raststätten und Schnellraststätten mit Automaten und Cafeteria wählen.

* * *

▷ Which of the three motorway services is being described below?

'. . . is open 24 hours a day to cater for the needs of the motorway driver. If you need to stop for a while, why not visit our self-service restaurant? We have facilities for children, a shop, travel information and even showers for those who need to freshen up . . . and if you've a problem, no problem! Our mechanics will soon have you back on the road!'

	BONN	ESSEN	KÖLN
TANKSTELLE	★	★	★
RUND UM DIE UHR	★	★	★
SCHNELLRASTSTÄTTE		★	★
RASTSTÄTTE MIT HOTEL	★		
KIOSK MIT WC	★	★	★
WC FÜR BEHINDERTE		★	
RESTAURANT MIT BEDIENUNG		★	
SELBSTBEDIENUNGSRESTAURANT	★		★
ERFRISCHUNGSDIENST		★	
BABYWICKELRAUM	★		★
KINDERSPIELPLATZ	★	★	★
FERNFAHRERWASCHRAUM MIT DUSCHE		★	★
INFOTHEK (VERKEHRSINFORMATION)	★		★
TELEFONZELLEN	★	★	★
GESCHÄFT/SOUVENIRLADEN	★		★
AUTOREPARATUR – NOTDIENST		★	★
ERSTE HILFE	★		

Straßenschilder ▼

How well could you cope with street signs? Test yourself on the following . . . the answers are on the next page – no cheating!

1 KEIN EINGANG

2 STADTMITTE

3 HIER KEIN ÜBERGANG BITTE UNTERFÜHRUNG BENUTZEN

4 EINBAHNSTRASSE

5 EINKAUFSZENTRUM

6 FUSSGÄNGERZONE

7 SCHRITT FAHREN!

8 KEINE EINFAHRT

9 VORSICHT STUFE!

10 BITTE DRÜCKEN UND GRÜN ABWARTEN

Role-play practice

Make up answers to the following questions and practise the role play with a partner. The start of each answer has been given.

---

1 Wie kommst du zur Schule?
   – Ich gehe meistens . . .
2 Wo fährst du am Wochenende hin?
   – Ich fahre . . .
3 Wie bist du in die Ferien gefahren?
   – Ich bin mit . . . gefahren.
4 Womit fährst du am liebsten?
   – Am liebsten fahre ich . . .
5 Wenn du viel Geld hättest, wo würdest du am liebsten hinfahren?
  Warum?
   – Ich würde am liebsten nach . . . fahren, weil . . .
6 Wenn du nach Deutschland fahren möchtest, wie würdest du fahren?
   – Ich würde mit . . . fahren.

▷ With a partner, make up a conversation between the characters in the cartoon below.

Straßenschilder: quiz answers

1 No entry
2 Town centre
3 Do not cross road – use the subway
4 One-way street
5 Shopping centre
6 Pedestrian precinct
7 Drive slowly
8 No through road
9 Mind the steps
10 Press and wait for the green light

Eine tolle Nachricht für alle, die ihr Auto mit in den Urlaub nehmen wollen oder geschäftlich verreisen: Wenn Sie jetzt mit dem rosaroten Autoreisezug fahren, kommen Sie fast günstiger weg, als wenn Sie selber am Steuer sitzen. Denn bis 31. Oktober gelten für unsere rosaroten Autoreisezüge die niedrigen rosaroten Preise.

Sie können dabei mehr als 30% sparen.

Fliegen Sie mit der U-Bahn

Schneller und häufiger Dienst

Mit dem ⊖ AIRBUS

Der Airbus ist ideal, wenn Sie viel Gepäck haben oder auf der Fahrt auch etwas sehen wollen. Sie fahren mit einem schnellen, bequemen Doppeldeckerbus direkt bis zu Ihrem Flughafen-Terminal. Zwei Airbus-Routen beiten eine direkte Verbindung zu allen Terminals in Heathrow. Fahrgäste können an 13 verschiedenen Stellen in den wichtigsten Hotelvierteln der Londoner Innenstadt zusteigen. Für beide Airbus-Routen gilt auch der 'London Explorer Pass'.

P+R

Auch mit dem Auto können Sie die Vorteile des VRR nutzen. Heute gibt es bereits 189 P+R-Anlagen an 163 Haltestellen des Schnellverkehrs. Die Haltestellen sind im Schnellverkehrsplan gekennzeichnet. Sie können somit von Ihrer Wohnung zum nächstgeeigneten Schnellverkehrshalt fahren, dort Ihren Wagen abstellen und mit den Schnellverkehrsmitteln sicher und kostengünstig Ihr Ziel erreichen.

Das 5-Tage-Ticket London.
Das Ticket für London-Fans. Wer 5 Tage London besucht, sollte es sich kaufen. Das erspart Ihnen 40% bei Hin- und Rück-reise.

Von (D) nach (N): Am besten direkt!

...mit JAHRE LINE.

Erst nach Kiel zum Oslo-Kai – dann auf der idealen Strecke in Norwegens Metropole. Direkter gehts nicht – dank JAHRE LINE.

★ im Sommer täglich (sonst außer samstags)
★ statt stundenlang hinterm Steuer – das Vergnügen einer erholsamen Seereise.
★ nur Bett-Plätze (keine Deckspassagiere)
★ 2 Komfort-Klassen

Reisebüro Europadienst Aachen

Seit 35 Jahren - Gesellschaftsreisen, Studienfahrten, Pilgerreisen, Bahn-, Bus-, Flug- und See-Reisen, Touristik, Clubreisen, Versicherungen.
Theaterstraße 24-28 · Tel. 0241-35028

Now that you have completed the topic, see how much of the above advertisements you can understand.
Which are special offers?
Which kinds of transport are being advertised and which are aimed at people travelling outside Germany?

1 Which of the above hotel(s) would you
recommend to someone who:
   a) must have a telephone in their room?
   b) wants to be near the station?
   c) wants to be somewhere quiet?
   d) has young children?
   e) wants to book a room for a party?

2 Use the information on these two pages to
make up an advert for an hotel with a
swimming pool, restaurant, carpark,
afternoon teas, and rooms with a shower
and toilet.

73

Reservierungsformular ▼

Anmeldung

Zimmer-Nr.

bestätigt am

FERIENHOTEL DREIBURGENSEE

Rotel-Tours, Das Rollende Hotel, Georg Höltl GmbH & Co KG
8391 Tittling/Passau, ☎ 08504/2092 · Zimmerreservierung 08504/40466
Telex 57785 rotel d

Für die Hotelreservierung gebe ich Ihnen hiermit die Personalien bekannt.

Anzahl der Erwachsenen	①	②
Name	Schmidt	
Vorname	Christian	
Straße	Kölnstr.	
Postleitzahl Wohnort	5100 Aachen	
Geburtsdatum	25. März 1960	
Geburtsort	Aachen	
Beruf	Lehrer	
Staatsangehörigkeit	Deutsch	
Telefonisch erreichbar	ja (46083)	

Für __2__ Wochen Halbpension/Vollpension
vom __01 August__ bis __15 August__
____ Einbettzimmer mit zweitem Bett   für ____ Erwachsene ____
____ Zweibettzimmer mit 2 weiteren Betten   für __2__ Erw. u. __2__ Kinder
____ Bayerisches Schlafzimmer   für ____ Erwachsene ____
____ Himmelbett-Schlafzimmer   für ____ Erwachsene ____

Wir werden mit der Bahn anreisen und um____Uhr in Passau Hbf. ankommen
Wir werden mit dem PKW anreisen!

Datum __13 Februar__ Unterschrift __C. Schmidt__

Besondere Wünsche:
Bitte Zimmer mit Dusche
u. Balkon mit Blick auf
den See.

Bitte Ihre Kunden Nr.
unbedingt angeben

1 What information are you given about the people who filled in the above form?

2 How would you have filled in the above reservation form if you had been going to stay for a week at the hotel with your family at the start of June? Imagine that you wanted to stay in a room with a bathroom, on full board.

Zimmerbeschreibung ▼

Hotel Stadt Hamburg ★ ★
Bahnhofsstr. 14, Hamburg
Tel: 62 46 13

Anzahl der Zimmer: 17

Preis: Einzelzimmer   mit Frühstück + 10,-DM
        60,-DM   mit Frühstück u. Abendessen + 30,-DM

Alle Zimmer haben Telefon, Farbfernsehen und Dusche.
Sie werden gebeten, Ihren Schlüssel an der Rezeption abzugeben und Ihr
Zimmer bis um zehn Uhr morgens zu verlassen.

▷ How much information can you extract from the hotel room notice above?

Hotelinformation ▼

NAME u. ADRESSE	PREISE	ANZAHL DER ZIMMER	ZUSÄTZLICHE INFORMATION
1 Hotel Forsthaus Korneliastr. 16 5100 Aachen Tel: (0241) 85603	ab 80,-DM pro Zimmer	25	Zimmer mit WC, Bad/Dusche, Selbstwähl-Telefon und Farbfernsehen
2 Hotel Buschhaus Born Allee 16 51000 Aachen Tel: (0241) 73162	ab 50,-DM pro Zimmer	46	Gesellschaftsräume für Konferenzen und Tagungen-Sauna-Hallenbad-Sonnenliege- (8 vollautomatische) und Kegelbahn
3 Hotel Unter den Linden Helder Camara Weg 3 51000 Aachen Tel: (0241) 64781	Spezialpreise für Gruppen ab 5 Pers. (und Firmen)	80	Zimmer mit oder ohne Bad, Tel und Fernsehen in allen Zimmern. Auch erstklassiges Restaurant mit internationaler Küche
4 Hotel Caesar Kölnstr. 160 Bonn Tel: (0228) 63471	ab 60,-DM pro Zimmer	20	Das Hotel mit Luxus und Komfort und Mittelklassepreis. Parken im Parkhaus
5 Hotel Christiana Europaplatz 16 8021 Graz Tel: (0316) 911261	120,-DM pro Einzelzimmer, 180,-DM pro Doppelzimmer	120	Modernes internationales Hotel, zentral am Hauptbahnhof gelegen. 100% Ruhe durch Lärmstopfenster
6 Berghotel Schmidt Fürstenstand 20 8051 Graz-Gösting Tel: (0316) 55596	ab 100,-DM pro Zimmer	20	Herrlicher Fernblick auf Graz, familien-freundliches Hotel. À la carte Menü von 16.00 bis 24.00 Uhr. Montag Ruhetag!

1 Which of the above hotels would be best for a person on a limited budget?
2 Which hotels cater for groups?
3 Which hotel would be best for someone who wants a small hotel with a relaxed atmosphere?
4 Which hotel would be best for someone who needs a good night's sleep?!
5 Which of the hotels listed above would suit the following people:

,Wir brauchen ein schönes Hotel für unsere Silberhoch- zeitsfeier das bequem, aber nicht zu teuer ist'

,Wir sind eine Familie mit drei Kindern und wollen ein schönes Hotel in einer Gegend, wo wir auch wandern können'

,Ich möchte mich richtig ausruhen und verwöhnen lassen mit Gemütlichkeit und schönem Essen.'

Pensionen – Preise ▼

Einbettzimmer mit zweitem Bett

In vielen Einbettzimmern ist ein zweites Bett (Etagenbett) eingebaut. Jedes Zimmer hat Waschraum, WC, Dusche, Zimmer-Telefon, Radio, Balkon oder Etagenbalkon etc. - siehe Beschreibung „Schöne Ferienzimmer". Bei Einzelzimmern mit Etagenbalkon gibt es 5 % Ermäßigung.

Einbettzimmer für 1 Person		DM 260,- Übernachtung m. Frühstück	pro Woche	
		DM 365,- Halbpension	pro Woche	
		DM 400,- Vollpension	pro Woche	
Einbettzimmer mit zweitem Bett für zwei Erwachsene	1. Bett	DM 260,- Übernachtung m. Frühstück	pro Woche	
		DM 365,- Halbpension	pro Woche	
		DM 400,- Vollpension	pro Woche	
	2. Bett	DM 130,- Übernachtung m. Frühstück	pro Woche	
		DM 235,- Halbpension	pro Woche	
		DM 270,- Vollpension	pro Woche	
Einbettzimmer mit zweitem Bett für 1 Erwachsenen, 1 Kind	1. Bett (Erwachsenenpreis)	DM 260,- Übernachtung m. Frühstück	pro Woche	
		DM 365,- Halbpension	pro Woche	
		DM 400,- Vollpension	pro Woche	
	2. Bett (Jugendpreis b. 14 J.)	DM 105,- Übernachtung m. Frühstück	pro Woche	
		DM 150,- Halbpension	pro Woche	
		DM 185,- Vollpension	pro Woche	
Einbettzimmer mit zweitem Bett für 2 Kinder	1. Bett (Erwachsenenpreis)	DM 260,- Übernachtung m. Frühstück	pro Woche	
		DM 365,- Halbpension	pro Woche	
		DM 400,- Vollpension	pro Woche	
	2. Bett (Jugendpreis b. 14 J.)	DM 105,- Übernachtung m. Frühstück	pro Woche	
		DM 150,- Halbpension	pro Woche	
		DM 185,- Vollpension	pro Woche	

Wichtiger Hinweis

Vollpension ist günstiger
Halbpension bedeutet Übernachtung mit Frühstück und Abendessen. Bei Vollpension-Buchung leben Sie bedeutend preisgünstiger! Sie erhalten z.B. ein volles Mittags-Menü (Suppe, Hauptmahlzeit und Nachspeise) für nur DM 5,-, das gleiche Menü, welches der Tagesbesucher für DM 13,50 erhält. Sie sparen also als Pensionsgast DM 8,50 pro Mittagessen.

1 How good are you at mathematics? Work out the hotel bills for the following people:
   a) Herr Braun is staying in a single room for two weeks, with full board.
   b) Herr and Frau Wassenberg are staying for a week, with bed and breakfast.
   c) Herr and Frau Shürman and their six-year-old son are staying for a week, with half board.
   d) Fräulein Zimmermann is staying for one week, with full board in a single room without a balcony.

2 How, according to the brochure, is it more economical to book full board at the hotel?

3 How do the room facilities above compare with those of the Hotel Kupferhut?

Link them up ▼

Match up the German phrases with the correct English translation from
the box.

1 Möchten Sie im Hotel essen?

2 Kann ich Ihnen helfen?

3 Was kostet eine Übernachtung für zwei
   Nächte?

4 Ich möchte bitte drei Nächte bleiben.

5 Haben Sie einen Platz frei?

6 Haben Sie schon reserviert?

7 Wie ist Ihr Name bitte?

8 Haben Sie ein Doppelzimmer frei?

9 Wir sind vier Personen.

10 Welche Freizeitmöglichkeiten haben
   Sie anzubieten?

   – Have you reserved in advance?

   – There are four of us.

   – What facilities have you got?

   – I would like to stay for three nights.

   – Would you like to eat in the hotel?

   – Do you have any room?

   – Do you have a double room?

   – What is your name please?

   – Can I help you?

   – How much does it cost to stay for two
     nights?

▷ Use the phrases above to help you write conversations giving details
   of how long you will be staying, how many people will be staying etc.:
   a) at a hotel
   b) at a campsite

▷ Practise the conversation with a partner.

Am Campingplatz ▼

DUSCHEN   INFORMATION

MINI-MARKT   MÜLL

SCHWIMMBAD   TOILETTEN

IMBISS   SPORTPLÄTZE

SPIELPLATZ   ZUM SEE

Which way should campers turn
for the following?

a) the showers
b) the play area
c) the dustbins
d) the tennis courts
e) the grocer's

CAMPING
Kronenburger See

Umgebung Der Campingplatz liegt wunderschön direkt am Kronburger See, umgeben vonWald und Weinbergen. Sie haben gute Wandermöglichkeiten. In der Gegend gibt es auch viele alte Burgen zu besichtigen.

LUXUS-Zelte für 4 oder 6 Personen mit Schlafkabinen, Koch- und Eßecke.

Wohnwagen für 4 oder 6 Pers., heißes Wasser/Dusche/Toilette/ Küche/Sitzecke. Viel Platz.

Bungalows, wie zu Hause mit Bad, Küche, Wohn- und Schlafzimmer. Ausreichend Platz für 3–6 Personen.

Preise pro Tag

pro Person:	8,-DM	
pro Kind (unter 10 J.):	4,-DM	
pro Person:	10,-DM	
pro Kind (unter 10 J.):	5,-DM	
pro Person:	12,-DM	
pro Kind (unter 10 J.):	6,-DM	

ANGEBOTE: Geschäft – Waschsalon – Bar – Spielzimmer – Schwimmbad – Angeln – Fahrradverleih – Segeln – Kinderspielplatz – Strand – Wassersport – Tennisplätze – Reiten – Einrichtungen für Behinderte

1 How much would it cost a family of four (one child is under 10) to stay in a tent for a week?

2 Why do you think that the campsite would attract people with young children?

3 How well could you cope with the notices at a campsite? What do the following mean?
   a) Absolute Ruhe von 22–7 Uhr
   b) Übernachtungs-Gebühren
   c) S. B. Laden
   d) keine Durchfahrt
   e) Nur für Geschirr
   f) Bitte am Kiosk anmelden

Jugendherbergen ▼

Das gibt's beim DJH

IN DEUTSCHLAND gibt es hunderte von Jugendherbergen, die überall im Land zu finden sind. Viele befinden sich in den Städten – für Reisende, die mit dem Zug oder Auto kommen und die Stadt und ihre Sehenswürdigkeiten kennenlernen wollen. Aber die meisten sind auf dem Land oder in den Bergen. Dort können die Wanderer, Bergsteiger und Radfahrer Übernachtungsmöglichkeiten finden. Ob jung oder alt, Mann oder Frau, Deutscher oder Ausländer – jeder kann dort übernachten. Die einzige Bedingung ist, daß man einen Jugendherbergsausweis hat.

Im Sommer wollen viele Leute in den Jugendherbergen übernachten, da ist es sicherlich besser, wenn man rechtzeitig einen Platz bucht. Man kann also Wanderungen oder Radtouren von Jugendherberge zu Jugendherberge machen. Manchmal gibt es auch andere Angebote wie Segeln, Windsurfen oder Wasserskifahren. Die Herbergen sind von 7.00 Uhr morgens bis 10.30 Uhr und von 16.00 Uhr bis 23.00 Uhr geöffnet. Sie sind sehr preiswert, bequem und man trifft Leute aus vielen anderen Ländern.

DEUTSCHES JUGENDHERBERGSWERK

Member of International Youth Hostel Federation

MITGLIEDSAUSWEIS Membership card / Carte de membre

```
4C44   2¿328090    220365 JUN G*

        Thomas    S C H U B E R T
        Eichenstr. 25

        Aachen
```

Ich habe mich zur Einhaltung der Hausordnung und Benutzungsbedingungen für Jugendherbergen verpflichtet.

Thomas Schubert 1.5.87
Datum und Unterschrift

Beitrag 1987

1 How many youth hostels are there?
2 Where are they situated?
3 What sort of people stay there?
4 What do you need to stay there?
5 What advice are you given if you wish to stay in a youth hostel?
6 Do they organise any activities?
7 When are they open?
8 What are the advantages they talk about at the end of the article?

Leserservice

Südspanien
Ich habe eine sehr schöne Eigentumswohnung in Motril, bestehend aus zwei Zimmern, Küche, Bad, direkt am Strand mit Meerblick.

Als Tauschobjekt würde ich eine Wohnung in den Alpen oder in Frankreich bevorzugen. Eventuell würde ich die Wohnung auch vermieten.

Zuschriften unter 8/216

Ostsee
Unsere Ferien-Eigentumswohnung in Scharbeutz hat eine Fläche von 63 Quadratmetern und besteht aus Wohn-, Schlaf- und Gästezimmer, Bad/WC sowie einer Küche. Sie ist voll eingerichtet: TV, Radio und Plattenspieler vorhanden. Auf dem Balkon kann man, vom Strand kommend (ca. 200 Meter), noch bis spätabends die Sonne genießen. Die Wohnung steht ganzjährig zur Verfügung.

Wir haben keine speziellen Wünsche und lassen uns gern überraschen.

Zuschriften unter 8/213

Schwarzwald
Wir haben im Südschwarzwald eine 84 Quadratmeter große Ferienwohnung mit sieben Schlafgelegenheiten. Sie ist luxuriös ausgestattet; Schwimmbad und Sauna befinden sich im Haus.

Wir warten auf interessante Gegenangebote.

Zuschriften unter 8/218

Ostsee
Etwa zehn Kilometer nördlich vom Yachthafen Kappeln und dem angrenzenden Naturschutzgebiet können wir eine ruhig gelegene Ferienwohnung für vier Personen zum Tausch anbieten. Sie befindet sich in einem 1984 eröffneten Hotel direkt am Meer. Dazu gehören drei Zimmer (alle mit Meerblick), zwei Balkone, Schwimmbad, Sauna, Solarium.

Wir – vier Personen – suchen gepflegtes Tauschobjekt im Mittelmeerraum oder in den Alpen. Andere reizvolle Objekte sind uns ebenfalls willkommen. Familienaktivitäten sind: Surfen, Reiten, Golfen, Skiabfahrtslauf.

Zuschriften unter 8/215

Schweiz
Unser Tausch-Angebot: Chalet in der Schweiz zwischen Bern und Luzern. Es liegt etwa 800 Meter hoch und hat eine Wohnfläche von 154 Quadratmetern. Darin enthalten: ein Doppelschlafzimmer, zwei Einzelschlafzimmer, großer Wohnraum mit Kamin und Galerie, komplette Küche, Bad, Gäste-WC. Hier ist der ideale Ausgangspunkt für Bergwanderungen und Fahrten durch die Schweiz.

Wir erwarten Angebote, von denen wir uns gern überraschen lassen.

Zuschriften unter 8/211

These articles appeared in a popular German magazine. Readers are invited to exchange their holiday homes or flats.

1 Which is the largest house or flat? How do you know?
2 What special attractions do each of the houses have?
3 What are the above writers looking for in exchange for their houses?
4 Which flat would you recommend to a family with two children who enjoy walking and would like a flat in or near the mountains?
5 Make up your own advertisement in German for a luxury flat which you think might appeal to these people.

Brieffreunde . . . Reservierungsbrief   ▼

21, Park Rd
Birmingham
23. 5. 90

An die Jugendherberge
Aachen
An der Höhe 37

Liebe Herbergseltern!
Ich bin Schüler in England und werde im Juli drei Wochen
in Deutschland verbringen. Ich möchte mit zwei Freunden
fahren und wir wollen die ersten vier Nächte in Aachen
bleiben. Wäre es möglich, vom 8. bis zum 12.7.90 in Ihrer
Jugendherberge zu übernachten? Wir haben alle unsere
eigenen Schlafsäcke und brauchen keine Bettwäsche.
Wir würden gern Frühstück nehmen, aber kein Mittag -
oder Abendessen.
Wir sind alle Mitglieder vom englischen Jugendherbergsverein
und bringen unsere Mitgliedskarten mit.

Vielen Dank im voraus,
Thomas Lang

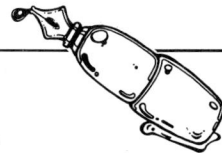

Use the above letter to help you write a letter to the youth hostel in
Freiburg saying that you will have the following requirements:

– There are four of you, two boys and two girls.
– You will be in Germany in August for two weeks.
– You would like to stay for four nights.
– You will need to book sheets.
– You will be having breakfast and your evening meal at the youth
  hostel.
– Explain that you are members of the YHA.

Role-play practice

Make up answers to the following questions and practise the role play with a partner. The start of each answer has been given.

1 Wie ist Ihr Name bitte?
   – Ich heiße . . .
2 Wie lange möchten Sie bleiben?
   – Ich möchte . . . bleiben.
3 Wieviele Personen sind Sie?
   – Wir sind . . ./Ich bin . . .
4 Was für Zimmer möchten Sie?
   – Wir möchten/Ich möchte gern . . .
5 Welche Mahlzeiten möchten Sie einnehmen?
   – Wir hätten/Ich hätte gern . . .
6 Wann kommen Sie an?
   – Wir kommen/Ich komme am . . . an.
7 Wann möchten Sie Frühstück haben?
   – Wir möchten/Ich möchte . . .

▷ With a partner, make up a conversation between the characters in the cartoon below.

Now that you have completed the topic, see how much of the above advertisements you can understand.
Which advertisements are not for hotels and which refer to holidays outside Germany?
What do the hotels offer in the way of leisure activities?
Which hotels cater for special occasions?

Holiday time

Willkommen in . . . Aachen ▼

verkehrsverein bad aachen e.v.

aachen
tourist information

informationsbüros

Büro »Haus Löwenstein«
Markt 39, 5100 Aachen, Tel. 02 41 / 180 29 60-61

Büro »Bahnhofplatz«
Bahnhofplatz 4, 5100 Aachen, Tel. 02 41 / 180 29 65

Öffnungszeiten:
mo - fr. 9.00 - 18.30 Uhr
sa.   9.00 - 13.00 Uhr
(Am 1. Samstag im Monat ist das Informationsbüro
»Haus Löwenstein« bis 17.00 Uhr geöffnet.)

zimmervermittlung, kongreßbetreuung

Postfach 2070, Tel. 02 41 / 180 29 50-51

führungen

City-Führung zu Fuß
Termine: ganzjährig sa/so 11.00 Uhr
            zusätzlich vom 01.04. - 30.10.:
            mo - fr 14.00 Uhr
Treffpunkt: Verkehrsverein,
            »Haus Löwenstein«, Markt
Dauer: ca. 1 Stunde
Kosten: DM 3,— für Erwachsene,
            DM 2,— für Schüler

Stadtrundfahrt
Termine: sa 14.30 Uhr
Treffpunkt: vor dem »Haus Löwenstein« am Markt
Dauer: ca. 2 Stunden
Kosten: DM 12,— für Erwachsene
            DM 6,— für Schüler

unser service für sie

Aachen-Informationen, Zimmervermittlung,
Stadtführungen, Fahrtenprogramme,
Programmgestaltung, Kartenvorverkauf,
Verkauf von Aachen-Souvenirs

1 What are you told about the Saturday opening times of the tourist office?
2 Which essential information are you given regarding walking tours of the city?
3 Which services are provided by the tourist offices?
4 The advertisement below was written to attract tourists to Aachen. List the attractions that it hopes will achieve this.

Willkommen in Mainz! ▼

Wir wünschen Ihnen einen
angenehmen Aufenthalt.
Wir haben diese Broschüre für
Sie gemacht und hoffen, daß sie
Ihnen nützlich sein wird.

Which pages of the brochure should you consult if you need information about the following:

1) restaurants
2) accommodation
3) transport
4) sightseeing
5) trips
6) leisure activities

Urlaubsgrüsse ▼

Aachen, den 1. August

Liebe Anna!
Bin gut in Aachen angekommen.
Suzanne und ihre Familie sind
wirklich sehr gastfreundlich.
Ich habe schon viel von Aachen
und der Umgebung gesehen. Auf
dieser Karte siehst Du ein Bild
vom wunderschönen Dom. Das
Wetter ist sehr schön. Morgen
wollen wir einen Ausflug nach
Belgien machen. Fährst Du mit
Deiner Familie ins Ausland?
Dein Thomas

An

Anna Schmidt

Hauptstr. 25

7300 Esslingen

BRD

▷ Use the above example to help you write a postcard giving the following details: the date . . . where you are . . . what the weather is like . . . what you have seen . . . and where you hope to go.

Stadtplan ▼

ZEICHENERKLÄRUNG

1	der Marktplatz	8	das Rathaus
2	die Hauptpost	9	das Theater
3	das Informationsbüro	10	die Polizeiwache
4	die Universität	11	das Hauptkrankenhaus
5	die Fußgängerzone	12	die Jugendherberge
6	der Dom	13	der Sportplatz
7	der Bahnhof	14	das Einkaufszentrum

The key opposite refers to a street plan. Which numbers on the map indicate the position of:

a) the youth hostel
b) the tourist office
c) the cathedral
d) the pedestrian precinct
e) the town hall

Familienparadies – Ihr Treffpunkt mit dem Glück ▼

Leutaschtal

Das ideale Ziel für einen herrlichen Familienurlaub —
Ein familiengerechtes Ferienparadies - erlebnisreich und naturnah.

Das mulmige Gefühl beim Start legt sich schon nach wenigen Metern. Umso mehr, wenn die Kinder vor Spaß und Begeisterung toben und von der 1.204 m langen Super-Sommer-Rodelbahn mit ihren 50 Kurven gar nicht mehr genug bekommen können. Sie ist die Attraktion eines großen Kinderspielparks mit Minicar, Western-Schießstand, Karussells und ähnlichem. Das Wohl der kleinen Gäste wird im Leutaschtal überhaupt ganz groß geschrieben. Ein spezielles Wanderprogramm mit Lagerfeuer und Würstchengrillen ist genau auf das Interesse der kleinen Sprösslinge abgestimmt, unvergeßliche Ferienerlebnisse bleiben auch Ausflüge mit der Pferdekutsche.

Kein Wunder, daß sich das Leutaschtal den Ruf eines familiengerechten Ferienparadieses erworben hat. Umso mehr, als auch die Unterkünfte — vom Campingplatz bis zum Komforthotel — jedem Wunsch gerecht werden.

Daß bei aller Kinderfreundlichkeit die Erwachsenen nicht zu kurz kommen, versteht sich von selbst. Ein reichhaltiges Sport- und Freizeitprogramm sorgt für abwechslungsreiche und schwungvolle Stunden: Entspannen im gepflegten Alpenbad mit großer Liegewiese, Sauna, Solarium, Massagen und Kinderspielplatz, Tennis, Reiten, Radfahren, Fischen, Minigolf, Kegeln, Fußball zwischen Einheimischen und Gästen und — nicht zuletzt — Golf am bekannten 18-Loch-Golfplatz Wildmoos.

1 What are the main attractions for children at Leutaschtal?
2 What is special about their *spezielles Wanderprogramm*?
3 What is on offer for adults who are interested in sport and exercise?

Umfrage: Ausflüge und Reisen ▼

Wir sind eine große Firma, die Ausflüge u. Reisen innerhalb Deutschlands und ins Ausland organisiert. Wir haben eine Umfrage für Sie gemacht, meine Damen und Herrn, so daß Ihnen die Ferien noch mehr Spaß machen.

– Wann fahren Sie auf Urlaub?

☐ Sommer ☑ Winter ☐ Alle Beide

– Wie lange fahren Sie weg?

☑ eine Woche   ☐ zwei Wochen   ☐ einen Monat

– Wo fahren Sie normalerweise hin?

☐ zum Strand   ☐ aufs Land   ☑ in die Berge

☐ innerhalb Deutschlands   ☐ ins Ausland

– Wo übernachten Sie normalerweise?

☐ Hotel   ☑ Gasthof   ☐ Jugendherberge   ☐ Campingplatz

☐ mit Freunden   ☐ Ferienhaus   ☐ Wohnwagen

– Wie fahren Sie normalerweise?

☑ mit dem Auto   ☐ mit dem Zug   ☐ mit dem Bus   ☐ mit dem Flugzeug

– Was finden Sie am wichtigsten, wenn Sie Ihre Ferien planen?

☐ Sonnenschein

☑ gute Übernachtungsmöglichkeiten

☐ viel zu tun am Ort

☑ gutes Essen

☐ viel Nachtleben

☐ Kosten

☑ freundliche Bedienung

☐ die Freiheit, selber planen zu können

☐ gute Spielmöglichkeiten für Kinder

1 What is the aim of this firm's travel questionnaire?
2 What can you state about the kind of holiday taken by the person who filled in the form above?
3 How would you have filled in this form to give details of your last summer holiday?

Gesundheitstips für den Urlaub ▼

Gesundheitstips für den Urlaub

Jedes Jahr fahren Millionen Touristen ans Meer und in die Sonne. Es ist eine wunderschöne Zeit, aber Sie müssen auf Ihre Gesundheit aufpassen. Hier sind ein paar Tips:

- Wenn Sie nicht sicher sind, ob das Wasser trinkbar ist, trinken Sie lieber Mineralwasser.
- In einem heißen Land sollten Sie es wie die Einheimischen halten: machen Sie auch eine Siesta nach dem Mittagessen.
- Trinken Sie nicht zu viel Alkohol.
- Nehmen Sie die wichtigsten Sachen für Erste Hilfe mit. Damit können Sie viel Zeit und Ärger sparen, besonders wenn Sie die Sprache nicht beherrschen!
- Vorsicht beim Sonnenbaden!
- Immer gute Sonnencreme benutzen und in den ersten Urlaubstagen nicht zu lange in der Sonne bleiben.
- Ältere Menschen, wie auch Kleinkinder sollten einen Sonnenhut tragen.
- Nicht überhitzt ins Wasser gehen.
- Alle schlechten Schwimmer sollten nie sehr weit hinausschwimmen.
- Nie sofort nach dem Mittagessen schwimmen gehen. Es ist ratsam, eine halbe Stunde zu warten.
- Auch gute Schwimmer sollten, wenn möglich, nicht allein schwimmen gehen.
- Ruhen Sie sich während des Tages aus.
- . . . Viel Spaß in Ihrem Urlaub!

Read the holiday tips above and complete the following sentences with the correct information:

1 If you're not sure that the water . . .
2 It's better for older people . . .
3 Always use good . . .
4 Never go swimming . . .
5 Take care when . . .
6 Even good swimmers . . .

Winterurlaub in Obertauern für *Schneeliebhaber* ▼

Über uns

Wir sind ein junges Team mit viel Elan, Engagement
und Humor. Wir bieten Wintersport für junge Leute an
... und für die, die jung geblieben sind. Unsere Ziele
sind abwechslungsreicher Urlaub, persönliche Betreuung,
viel Sport und Spiel, und alles nur so professionell wie
nötig, um genug Spielraum für die individuelle Entfal-
tung des Einzelnen und der Gruppe zu gewährleisten.

Schon mal Ski gefahren?

Wenn nicht, wird's dann nicht bald mal Zeit? Wer bis
heute noch nicht auf Skiern gestanden hat, dies aber
lernen möchte, ist bei uns in den richtigen Händen. Für
Skibegeisterte finden sich in REISECENTER viele
Reiseangebote, die extra für sportlich-aktive Urlauber
sind.

Leistungen

Bei unseren Touren ist alles inklusive: Busfahrt,
Skipass, Unterbringung, Skizubehör und Reiseleitung.
Wenn Sie wollen, können Sie auch einen Skikursus
mitmachen.

Wer sind wir?

Wintersportreisen GmbH
Franziskusstr. 7
5562 Obertaurern 10

1 What sort of person is the above advertisement aimed at?
2 How good a skier do you have to be to go on one of these trips?
3 Which of the following are included in the price?
   a) pass for ski-lifts
   b) hire of equipment
   c) transfers to resort
   d) half board
   e) lessons with an instructor
   f) insurance
4 Which facilities are you entitled to use with
   your Obertauern ski-pass?

Link them up ▼

1 It is quite near here.	– Entschuldigen Sie bitte.
2 Where is the post office please?	– Gehen Sie hier geradeaus.
3 Is there a post office nearby please?	– Gehen Sie bis zur Ampel.
4 Is there a map of the town?	– Es ist auf der linken Seite.
5 Is it far from here?	– Wie komme ich am besten zur Post?
6 Go straight on.	– Ist hier in der Nähe eine Post bitte?
7 Go to the traffic lights.	– Nehmen Sie die dritte Straße rechts.
8 Excuse me please.	– Wo ist die Post bitte?
9 It is on the left-hand side.	– Gibt es einen Stadtplan?
10 Go past the crossroads.	– Ist es weit von hier?
11 Take the third street on the right.	– Gehen Sie über die Kreuzung.
12 Which is the best way to the post office?	– Es ist ganz in der Nähe.

▷ Link up the English phrases with the German translations in the box.
Use these to help you give directions to get to the *Staatsmuseum* from
the station on the map below. Practise this dialogue with a partner.

Staatsmuseum

Öffnungszeiten
  Dienstag – Sonntag
  9.30–18.00
  Ermäßigung für Kinder/
  Schüler/Studenten

Geschichte der Stadt

Kostüme

Archäologische Funde

Caféstube und Andenken

Staatsmuseum

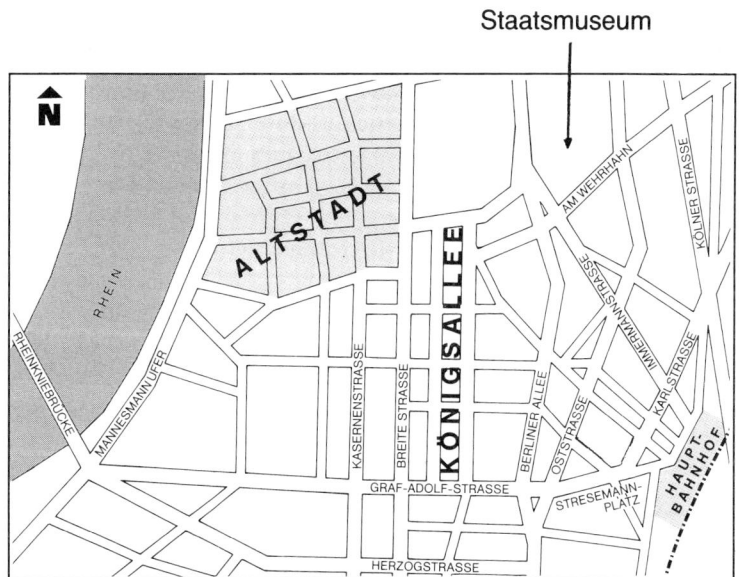

Staatsmuseum

Wetterbericht ▼

BERLIN – Starke Regenfälle am Morgen. Am Nachmittag bewölkt mit einigen sonnigen Abschnitten.

ESSEN – Sonnenschein am Morgen, etwas kälter am Nachmittag und am Abend. In der Nacht Frostgefahr.

FRANKFURT AM MAIN – Frühnebel. Im Tagesverlauf auflockernde Bewölkung.

HANNOVER – Warm am Morgen. Am Nachmittag vorübergehende Aufheiterungen, sonst wechselnd bewölkt mit Schauern und vereinzelten Gewittern.

HAMBURG – Anhaltende Niederschläge. Wind aus westlicher Richtung.

MÜNCHEN – Den ganzen Tag über Temperaturen um den Gefrierpunkt. Schnee oder Hagelwetter möglich am Nachmittag oder am Abend.

1 Read the weather forecast then link each town with the appropriate weather symbol(s).

2 The list below is made up of six reports of good weather, and six of bad weather. Which are which, and what sort of weather are they predicting?

– Mildes, angenehmes Wetter mit Regenschauern am Nachmittag
– Sonnig den ganzen Tag
– Stürme am Abend möglich
– Starker Nordostwind den ganzen Tag
– Höchsttemperaturen von 20 bis 25 Grad
– Bodenfrost erwartet während der Nacht
– Heißes, sonniges Wetter den ganzen Tag
– Nebel am frühen Morgen
– Schneeschauer erwartet am Nachmittag
– Starke Regenschauer für morgen angesagt
– Den ganzen Tag bewölkt mit Regenschauern
– Temperaturen niedriger als normal für diese Jahreszeit

3 Write out the following forecast in German using the information on the page to help you:
'Sunshine in the morning, warm for the time of year, temperatures up to 14 °C but colder in the afternoon and showers expected. Fog in the evening and possibility of ground frost during the night.'

Wettbewerb ▼

1 The above advertisement is a competition offering ten trips to Spain as prizes. What exactly do you have to do to win . . . and what would your entry have been?

2 The letter below has been written by a person who won one of the holidays. Use it to help you to write a short account of a holiday you have been on. Say where you stayed, for how long, what you did, etc.

Ich habe eine wunderschöne Woche in Spanien verbracht. Ich habe in einem Hotel in der Nähe vom Strand in Malaga gewohnt. Das Zimmer war gemütlich und das Essen ausgezeichnet, die Meeresfrüchte waren besonders gut. Das Wetter war prima, es war heiß und sonnig jeden Tag – nur an einem Tag hat es geregnet! Ich habe vieles gemacht ... mich gesonnt, bin schwimmen gegangen im Meer und im Schwimmbad im Hotel. Ich habe ein altes Schloß, einen Markt, und einen Weinberg besucht! Ich habe ein kleines Andenken für Dich und viele Fotos, Dir zu zeigen.

Bis bald!

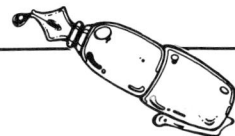

Role-play practice

Practise giving answers to the following questions about your holidays. In each case the start of your answer has been given.

1 Wo hast du deine Ferien verbracht?
   – Ich habe sie . . .
2 Fährst du lieber zur Küste oder aufs Land?
   – Ich fahre lieber . . .
3 Übernachtest du lieber bei Freunden oder im Hotel?
   – Ich übernachte lieber . . .
4 Was machst du am liebsten, wenn du im Urlaub bist?
   – Ich gehe am liebsten . . .
5 Wie lange bleibst du im Urlaub?
   – Ich bleibe . . .
6 Wie fährst du? Mit dem Flugzeug, mit dem Auto, mit dem Zug, mit der Fähre oder mit dem Fahrrad?
   – Ich fahre . . .
7 Welches Land magst du am liebsten?
   – Ich mag am liebsten . . .
8 Bist du in Deutschland oder Österreich gewesen? Wenn ja, wo?
   – Ich bin . . .
9 Wo würdest du am liebsten hinfahren?
   – Am liebsten würde ich . . .
10 Was ist das wichtigste für dich, wenn du im Urlaub bist?
   – Am wichtigsten ist . . .

▷ With a partner, make up a conversation between the two characters in the cartoon below.

Now that you have completed the topic, see how much of the above advertisements you can understand.

What types of accommodation are mentioned?
Which are winter and which are summer holidays?
Which is the cheapest holiday, and what do you get for your money?
Are the holidays on offer all in Germany?

Money matters

Klein-Anzeigen ▼

Verkauf . . . Verkauf . . . Verkauf

Fast neues Keyboard wegen Platz-mangel zu verkaufen, sehr preiswert. Tel. Bonn 305184

Rotes Mädchenfahrrad zu verkaufen, einschl. Zusatzsachen wie Lampen, Klingel, Korb, Schloß usw. Tel. 02056 21703

Verkaufe Dallas-Telefon (35,-DM) Anrufbeantworter (350,-DM) u. Micky-Maus-Telefon (109,-DM). 43 Essen 2/Franziskastr. 25 Tel. 0231 768542

Snoopy Skateboard für 100,-DM zu verkaufen, Grün/weiß/gelb, fast nagelneu, nur 5–6 mal benutzt. Bitte anrufen in Köln. Tel. 365847

Commodore Computer zu verkaufen mit vielen Videospielen u. Disketten – fast neu, sehr preiswert. Tel. Bonn 85630

Poster von vielen Gruppen u. Sängern zu verk. – von Pop, Rock, Punk Rap Szene, unter anderen – besuchen Sie unser Geschäft „HIT" Domstr. 16. Tel. 0231 768194

Ankauf . . . Ankauf . . . Ankauf

Sammler sucht gebrauchte Modeleisen-bahnen, Züge, Wagen usw. Modeleisenbahntreff Essen/Schillerstr. 27. Tel. 293347

Kaufe Videorekorder, Farbfernseher u. Fernsehspiele. Tel. 0312 563091

Suche Skateboard oder BMX Fahrrad, nicht zu alt, möglichst in gutem Zustand. Sofort anrufen folg. Tel. Nr 0255 391360

Klassische Gitarre gesucht, alt oder neu, aber in gutem Zustand. Bin Hobby-musiker. Tel. Aachen 398731

GESUCHT: Platten zweiterhand in gutem Zustand – wir zahlen die besten Preise! Tel. 463293

Schlagzeug gesucht für Amateurgruppe – möglichst gut erhalten u. preiswert, da wir nur ‚arme' Schüler sind! Tel. Bonn 305146

Suche Motorrad — Honda oder Susuki 500, ein oder zwei Jahre alt, in gutem Zustand – zahle guten Preis. Tel 0312 563802

1 Which, if any, of the above advertisements can you match up?
2 Which of the advertisements are not written by individuals? Give reasons for your answer.
3 Which number, if any, should you ring if you want to buy secondhand records?
4 Make up an advertisement of your own, using the above to help you. Include the following: in good condition/good value/only two years old/'phone straight away

Geschäftszeichen ▼

If you saw the following signs in a shop, what would they be telling you?

BITTE AN DER
KASSE BEZAHLEN

BITTE DIE TÜR SCHLIESSEN

SONDERANGEBOTE

PREISERMÄSSIGUNG

MITTWOCH-NACHMITTAG
GESCHLOSSEN

TÄGLICH FRISCH

SELBSTBEDIENUNG

BITTE WÄHLEN SIE SELBST
BEZAHLEN SIE AN DER KASSE

SONDERPREIS

HANDELSKLASSE 1

Wo kauft man ein? ▼

EXCLUSIVE SCHUHMODEN

SCHUHE

CREDITCARDS WELCOME

Ferdi's Schuhe

Wallstraße 1 · 4000 Düsseldorf · ☎ 02 11 / 32 61 98

Restposten Campingartikel stark reduziert

DROGERIE UND PARFUMERIE »*Zum Samariter*«

Inhaberin: M. Pilhatsch–Graz, Sackstraße 14, Tel. 79-1-57
Depots: Juvena, Marbert, Dr. Grandel+Getreide-Milch-Kosmetik

BLUMEN-SHOP:
Große Auswahl zu kleinen Preisen.

HIER LÄUFT DIE WARE NICHT VOM BAND. MAN NOCH MIT HIER SCHAFFT

HERZ + HAND

BÄCKEREI
Karl Herbert *Hansen*

51 Aachen-Eilendorf
Nirmer Straße 10 – Telefon 55 27 76

Auch sonntags
von 11.00 - 13.00 Uhr geöffnet.

In unserem Betrieb werden nur Naturprodukte verarbeitet.

Die Mode für die sportlich elegante Dame
Mode Hiller
vorm. Dietrich — jetzt bei Optima

adidas　**TEPPER**　**PUMA**

Inh. A. Tubbe — Kirchenstraße 5
Sport- und Wanderschuhe · Wanderbekleidung · Badebekleidung · Tischtennis-Tennis
(Besaitungsservice)
Wir bieten Ihnen ein Urlaubssouvenier ,,das Bad Bevensen-Handtuch''

Which, if any, of the above shops would you go to if you wanted:

a) to buy some cakes?
b) to buy some flowers?
c) to buy some fruit?

d) to buy some soap?
e) to buy a sweatshirt?
f) to buy a stamp?

Bei Co-op einkaufen ▼

Co op West

WEGWEISER

Co op

WIR WOLLEN FÜR SIE BESSER SEIN.

Unser Mitarbeiter Herr H. Kilian:

UNTERGESCHOSS	ERDGESCHOSS	I. ETAGE	II. ETAGE	III. ETAGE
Haushaltswaren (Töpfe, Geschirr)	DAMENABTEILUNG Kleider, Blusen u. Röcke	HERRENABTEILUNG Anzüge Hosen	Jeans-Shop Schallplatten u. Kassetten	Möbel Teppiche
Alles für den Garten	Pullover Brautkleider	Hemden Herrenunterwäsche	Kindersachen	Gardinen Elektrische Geräte
LEBENSMITTEL ABTEILUNG Essen u. Getränke	Damenunterwäsche Schuhe und Lederwaren	Socken Schmuck und Uhren	Spielwaren Stoffe u. Wolle	Fernsehen, Videos u. Videospiele
Restaurant			Musikinstrumente	Tapeten

1 You are in a Co-op store near your friend's house in Bonn. Look at the above plan of the store, then at the shopping list you have written yourself. Work out where you can find the things on the list.

2 You also decide to buy a farewell present for your penfriend and a toy for her little brother. Where would you look for these?

Must buy:
- a cake for tea
- a record of German rock music
- a T-shirt (preferably with something German on it)
- a pair of trainers

3 Why would the advertisement on the right be useful when shopping at the Co-op?

CO-OP PREISE DRASTISCH REDUZIERT

Wenn Sie 50,-DM in ingendeinem unserer Geschäfte ausgeben, geben wir Ihnen 5,-DM zurück. Ja, es ist wahr! Wir erstatten Ihnen 10% ... ABER nicht vergessen, diesen Bon mitzunehmen!

Dieses Angebot ist nicht gültig für Alkohol und Tabak.

Rechnung Neumarkt Velbert ▼

```
★ ★ ★ ★ ★ ★ ★ ★ ★ ★ ★ ★ ★

        NEUMARKT VELBERT

★ ★ ★ ★ ★ ★ ★ ★ ★ ★ ★ ★ ★
Orangensaft                  0,99
Frischfleisch                4,72
Blumen                       1,99
Diät Jogh.                   0,59
Tomatensuppe                 1,49
Obst/Gemüse                  3,97
Zeitungen                    2,10
Käse-Bedienung               3,09
Brot                         1,67
Wurst                        2,29
Frischmilch 2LTR             1,90
Diätmarg.                    1,79
Kakaotrunk                   0,99

  Summe              DM     27,58
  Gegeben            DM     30,00

  Rückgeld DM   2,42

. . . . . an der Preisgrenze . . . . .
```

1 According to the bill, which drinks were bought?
2 What was bought that does not fall into the categories of food and drink?
3 What does the shop's motto . . . *an der Preisgrenze* . . . mean?
4 Could you cope if your bill was wrong? How would you explain that you did not buy any bread, or that you bought one litre of milk, not two?

Einkaufsliste ▼

- ein Kilogramm
- eine Scheibe
- ein Stück
- ein Päckchen
- eine Dose
- ein Pfund
- ein Liter
- eine Flasche
- ein halbes Liter
- 100 Gramm
- ein Dutzend

Kuchen	Äpfel
Käse	Limonade
Kekse	Brot
Schinken	Tomaten
Milch	Fleisch
Salami	Bier
Wein	Eier
Bockwürstchen	Kartoffeln
Pralinen	Apfelsaft
Coca-Cola	Butter
Kondensmilch	Joghurt

1 Match up the weights and measures with articles from the shopping list above.
2 Make up your own shopping list in German using the above quantities, and where possible, articles that are different from those in the above shopping list.

Link them up ▼

Link up the German phrases from the box on the right with the correct
English translation.

1 I'll have . . .	– Sonst noch etwas?
2 Is that everything?	– Haben Sie . . .?
3 Have you got . . .	– Ich möchte gern . . .
4 Can I help you?	– Das macht . . .
5 I need . . .	– Ich nehme . . .
6 How much is that?	– Ist das alles?
7 No, I'm sorry we haven't got that.	– Ihr Wechselgeld.
8 That will be . . .	– Kann ich Ihnen helfen?
9 Would you like anything else?	– Ich brauche . . .
10 I would like . . .	– Was kostet das?
11 Your change.	– Nein, es tut mir leid; das haben wir nicht.

▷ Arrange the German phrases in the order that they
would be used in a conversation held in a shop.

With a partner, practise the phrases in a
conversation at a grocer's shop.

Sonderangebote ▼

jeder Artikel 5,-

Damen-Slips
3er Packung
Tanga + Bikiniform, 100% Baumwolle, Single-Jersey, in weiß, rosé
und gelb, Gr. 36–46

Feinstrumpfhosen
5er Packung
20den, mit Zwickel, aktuelle
Farben, Gr. 38–46

Herren-Socken
5er Packung
fußgesund durch 65% Baumwoll-
anteil, uni, gerippt, Gr. 39–46

**Herren-Turnjacke oder
Herren-Slip**
mit Eingriff, in weiß, 100% Baumwolle, Feinripp, gekämmt, Gr. 5–8

Herren-T-Shirt
1/4 Arm, 100% Baumwolle,
verschiedene Farben, Gr. S–XL

Herren-Krawatten
in verschiedenen Musterungen

Frottee-Strampler
mit Motivdruck, hoher Baumwoll-
anteil, Gr. 50/56–74/80

Geschirrtuch
3er Packung
ca. 50/70 cm, mit Bordüre,
100% Baumwolle, 3 verschiedene
Dessins

Frottiertuch
Uni-Walk, 100% Baumwolle, mit
Satinborde und ausdrucksvoller
Stickerei, Applikation, verschie-
dene Motive, Gr. 50/100 cm

Fertigkissen
30 × 30 cm, bedruckt,
verschiedene Kinderdessins

Tischläufer
40 × 90 cm, in Spitzenoptik,
100% Polyester,
in weiß oder ecrue

jeder Artikel 10,-

Handstrickgarn »Gigant«
400-g-Großknäuel
ca. 1660 Meter Lauflänge,
20% Wolle, 80% Polyacryl,
verschiedene Uni-Farben

Handstrickgarn »Grande«
350-g-Knäuel
ca. 1750 Meter Lauflänge,
mit farbiger Strickanleitung,
15% Mohair, 85% Polyacryl,
verschiedene Uni-Farben

BH-Slip-Set
100% Helanca-Stretch, in weiß
und schwarz, Gr. 38–42

Herren-Polohemd
Pique, 100% Baumwolle, in vielen
modischen Farben, Gr. S–XL

Sportliche Hemden
1/2 Arm, uni und gemustert,
65% Polyester, 35% Baumwolle
oder 100% Baumwolle,
Gr. 37/38–43/44

Herren-Sweat-Shirt
uni, aktuelle Farben, hoch-
geschlossen, 100% Baumwolle,
Gr. S–XL

Knaben-Hemd
Comic-Druck, verschiedene
Farben, 100% Baumwolle,
Gr. 116–176

**Kleinkinder-
Jogging-Anzug**
Oberteil mit Motivdruck, Hose uni,
pflegeleicht, Gr. 92–104

Kleinkinder-Latzhose
uni, mit Taschen, 100% Baumwolle, Gr. 92–122

Kinder-Rucksäcke
Nylon, in verschiedenen Ausfüh-
rungen, mit Druckmotiv oder mit
Tiergesicht

Tischdecke
80×80 cm, mit Borte, 100% Acryl,
in verschiedenen Farben

Tischdecken-Set, 3teilig
100% Acryl, Inhalt: 2 × 20/20 cm,
1 × 30/30 cm

Which of the following can be bought for 5DM, which for 10DM,
and which are not being advertised?

a) sports shirts
b) gloves
c) towels
d) dungarees
e) boys' shirts
f) cushions
g) sheets
h) tights

Verkauf ▼

Socken
aller Farben
- .99

2 Std.
kostenlos parken

in unserem
Parkhaus Oststraße

Hemden
je
19.98

Kleider in
Größe 38 - 44
11.98

**Winter
Schluß
Verkauf**

**vom 26.1.
bis 7.2.**

T-Shirts
(alle Farben) je
6.99

STARK REDUZIERT

	WAREN	SIND
Pullis (braun, grün u. grau)	40,-DM	20,-DM
Jeans (Damen u. Herren)	55,-DM	35,-DM
Slips (in verschiedenen Farben)	3,50DM	1,50DM
Boss Sweat-Shirts (viele Farben)	80,-DM	60,-DM
Hosen (grau u. blau, 100% Baumwolle)	75,-DM	55,-DM
Lederschuhe (alle Farben)	150,-DM	100,-DM
Adidas T-Shirts (verschiedenen Mustern)	30,-DM	15,-DM
Jacken (in vielen Größen)	110,-DM	80,-DM

Sportschuhe – Puma – Adidas – und viele andere – DRASTISCH REDUZIERT!

1 What are the cheapest and most expensive items on sale?
2 How much would you save if you bought a pair of jeans, a jumper and a jacket?
3 What are you told about parking facilities?
4 Why does the advertisement feature people asleep in bed?
5 What has this slip of paper got to do with the sale, and what should you do with it?

WINTERSCHLUSSVERKAUF

Lieber Kunde,
Ihr Einkauf bei uns heißt, daß Sie auch teil an unserem Preiswettbewerb nehmen können. Zehn Preise in Form von Gutscheinen für 50,-DM sind zu gewinnen. Sie brauchen nur Ihren Namen und Ihre Adresse auf der Rückseite dieses Formulars auszufüllen und es einer unserer Verkäuferinnen zu geben. Vielen Dank. Bis bald!

Einkauf für ein Picknick ▼

Maggi Eier-Ravioli in pikanter Sauce, oder in Tomatensauce oder **Vollkorn-Ravioli** je 830-g-Dose
1,99

SCHWIP SCHWAP MIRINDA PEPSI Light oder Cherry FRISCO **Rhodius** Mineral-wasser je 0,33-l-Dose
-,45

Echter Käse aus Holland **Edamer** 40% Fett i. Tr. 100 g
-,69

funny-frisch Chipsfrisch ungarisch 175-g-Beutel
1,99

Brandt Andrea Waffelmischung 250 g oder **Gerollte Waffeln** 200 g
1,49

hela **Ketchup** verschiedene Sorten je 800-ml-Flasche
3,49

Langnese **Viennetta Blätter-Eis** Schoko oder Vanille je 500-ml-Packung
2,49

Früchtekorb Fruchtjoghurt 3,5% Fettgehalt, verschiedene Sorten je 250-g-Becher
-,59

Capri-Sonne Orange, Kirsche, Apfel oder Cola-Mix je 10er-Box
3,29

Mars SNICKERS je 5er-Pack **BALISTO** Müsli-Mix, Korn-Mix oder Milch-/Honig-Creme 9er-Pack je
2,19

▷ You have been sent to the grocer's to buy some food and drink for a picnic and your shopping list is opposite. How would you ask for the items on the list? How much will it all cost?

2 bottles of mineral water
4 yoghurts
1 pack of ice cream
500g cheese
3 bags of crisps
4 cans of Pepsi

Öffnungsstunden ▼

Which of the shops below could you go to if you needed some groceries:

a) during your lunch hour?
b) on a Sunday morning?
c) early on a Saturday morning?
d) after six o'clock on a Thursday evening?

„Der Beste Einkauf" Supermarkt
Öffnungszeiten
Mon.–Frei. 8.30 bis 18.00
Samstag 8.30 bis 13.00
Langer Samstag – erster Samstag im Monat

‚Der Einkaufskorb'
Ihr freundlicher Gemüsehändler
Öffnungsstunden
Mon.–Frei. 9.00–17.30
Samstag 8.00–13.00
Mittagspause 13.00–14.00
Mittwoch halbtags
Jetzt haben wir auch Sonntags geöffnet von 9.00 bis 12.00

Stadtmitte Mini-markt
Öffnungszeiten
Mon–Mitt. 9.00–18.00
Don.–Frei. 9.00–19.00
Samstags 8.00–13.00

Brieffreunde . . . Taschengeld ▼

Liebe Steffi,

Danke für Deinen Brief. Es war schön zu hören, was Du in Deiner Freizeit machst. Ich glaube, Du bekommst viel Taschengeld, 20 DM pro Woche! Ich und auch meine Freundinnen bekommen £3 pro Woche. Davon spare ich £1 für Weihnachtsgeschenke usw. Manchmal gehen wir ins Kino oder in die Disco. Ich gehe aber auch sehr gern einkaufen. Ich kaufe Schallplatten und ich mag auch Kleider und gehe deshalb sehr gern in die Boutiquen und Modegeschäfte, aber sie sind sehr teuer – da muß ich auch sparen! Ich habe mir vor einer Woche ein paar Stiefel gekauft. Schreib bald wieder!

Alles Gute,

Deine Christine

1 Use the above letter, and the comments below, to write a reply, saying how much pocket money you get and how you spend it.

Ich spare für Geschenke für Familie und Freunde
Ich brauche es für Musikzeitschriften
Ich bekomme so wenig Taschengeld, daß ich nicht sehr viel damit machen kann
Ich gehe so oft wie möglich zur Disco oder zum Jugendklub
Ich gebe mein Taschengeld für Kleidung aus
Ich gehe leidenschaftlich gern ins Kino – das ist nicht immer so billig

2 The advertisements below might help you increase your pocket money, but what would you have to do . . . and how much would you get?

Gesucht! – Netten jungen Menschen, um mit einem Hund spazieren zu gehen – nach der Schule und am Wochenende. Taschengeld – 20,-DM pro Woche.

Gesucht! – Jungendliche werden in einem großen Supermarkt gebraucht, um Regale zu füllen und vieles andere zu tun. Mittwochs: 16.00–18.30, Samstags: 8.00–13.000. Bezahlung 12,-DM pro Stunde.

Gesucht! – Jungen Menschen um auf zwei kleine Kinder (2 u. 4 Jahre) abends und am Wochenende aufzupassen. 6,-DM pro Stunde.

Gesucht! um Zeitungen und Zeitschriften zu liefern – ab 6.30 (außer Sonntag), 50,-DM pro Woche

Role-play practice

Make up answers to the following questions and practise the role play with a partner. The start of each answer has been given.

1 Wieviel Taschengeld bekommst du?
 – Ich bekomme . . .
2 Wofür brauchst du dein Taschengeld?
 – Ich brauche es für . . .
3 Was kaufst du als Geschenk für Freunde und Familie?
 – Ich kaufe . . .
4 Was für Kleider kaufst du gern?
 – Gewöhnlich kaufe ich mir . . .
5 Was für Geschäfte gibt es in der Nähe von euch?
 – Es gibt . . .
6 Was kauft ihr am Wochenende im Supermarkt?
 – Wir kaufen . . .
7 Was würdest du kaufen wenn du viel Geld hättest?
 – Ich würde . . . kaufen.

▷ With a partner, make up a conversation between the two characters in the cartoon below.

Now that you have finished the topic, see how much of the above advertisements you can understand.

Are you given any details of opening times?
Which fruits and which articles of clothing are for sale?
Which articles are reduced?

Services

Auf der Post ▼

BRIEFKASTENLEERUNG		
INLAND		**AUSLAND**
MONTAG – FREITAG	12.00 16.00 17.30	12.00 20.00
SAMSTAG	12.30	12.00
Nächste Leerung	12.30	
Keine Leerung an Sonn- oder Feiertagen		

1 When is the last weekday post collection for letters destined for England?
2 When are there no collections?
3 Which day is it according to the details on the post box?

Link them up ▼

Link up the German phrases with the correct English translations from the box.

1 Was kostet ein Brief nach England bitte?

2 Kann man hier telefonieren?

3 Zwei Stück zu 80 Pfennig bitte.

4 Was kostet das bitte?
5 Ich möchte gern ein Paket schicken.
6 Wo kann ich ein Telegramm aufgeben?

7 Können Sie mir bitte die Telefonnummer einer Bank geben?
8 Wollen Sie einen Brief oder eine Postkarte schicken?
9 Wo ist die nächste Telefonzelle bitte?
10 Ist hier in der Nähe ein Briefkasten bitte?

– Do you want to send a letter or a postcard?
– Where can I send a telegram from please?
– How much does a letter to England cost please?
– Is there a letterbox nearby?
– How much does it cost please?
– Where is the nearest telephone box please?
– Can you make a telephone call from here?
– Can you give me the telephone number of a bank please?
– Two for 80 Pfennigs please.
– I would like to send a parcel.

▷ Use the phrases above to help you make up a dialogue in a post office
Practise the dialogue with a partner.

Telefonieren . . . aber wie? ▼

Ganz einfach, für das Inland wählen Sie die Vorwahl der Stadt und die gewünschte Nummer; für das Ausland wählen Sie die Vorwahl des Landes, dann der Stadt (ohne Null) und dann die gewünschte Nummer. Wenn besetzt ist, oder wenn Sie sich verwählt haben, brauchen Sie nur die Wahlwiederholungstaste zu drücken [●○] . Aber nicht sofort auflegen wenn Sie nicht sofort eine Antwort bekommen – es kann manchmal ein bißchen dauern.

Was kostet es?
Eine Einheit kostet 30 Pfennig. Bei einem Ortsgespräch spricht man ziemlich lange pro Einheit. Bei einem Ferngespräch verbraucht eine Minute mehrere Einheiten und wenn man ins Ausland telefonieren will, ist es noch teuerer (Sehen Sie die Tabelle der Gebühren):

Vorwahlnummern und Gebühren vom Bereich der Deutschen Bundespost aus!

Land	Vorwahlnummern	Gebühren für 1 Minute Normaltarif/Billigtarif	
Österreich	0043	DM 1,15	/0,92
Belgien	0032	DM 1,15	/0,92
Kanada	001	DM 3,68	
Schweiz	0041	DM 1,15	/0,92
Dänemark	0045	DM 1,15	/0,92
Spanien	0034	DM 1,15	/0,92
Frankreich	0033	DM 1,15	/0,92
Großbritannien	0044	DM 1,15	/0,92
Italien	0039	DM 1,15	/0,92
Griechenland	0030	DM 1,15	/0,92

You are in a German telephone box and need to phone England. Use the information above to work out the following:

1 Which number should you dial to 'phone (091)–2738229 in England?
2 How much is a 3-minute conversation going to cost you, given that it is a Sunday and therefore an 'off peak' call?
3 What exactly should you do to phone up England from Germany?

Nützliche Telefonnummern ▼

Malteser Hilfsdienst	37 02 12
Malteser Hilfsdienst Krankentransport Stadt- und Fernfahrten	37 33 88
Notruf, Polizei	1 10
Rheinbahn-Auskunft tgl. 6.30-20.30 Uhr	5 82 01
Sonderveranstaltungen, Ausstellungen und Messen in Düsseldorf	1 15 16
Straßenzustandsberichte	11 69
Taxiruf Funktaxi-Zentrale eGmbH, Kölner Str. 356	3 33 33 7 77 60
Telefonseelsorge Düsseldorf	1 11 01-02
Telegrammannahme	11 31
Theater-/Konzertveranstaltungen	1 15 17
Tierschutz Düsseldorf, Tierheim, Rüdigerstraße 1	65 18 50
Verkehrsverein, Zimmervermittlung, Stadtrundfahrten	35 05 05
Wettervorhersage (Fernsprech-Ansagedienst)	11 64
Zahnärztlicher Notdienst Mi. 17.00-18.00 Uhr, Sa., So. 9.00-12.00 + 15.00-18.00 Uhr	66 62 91
Zeitansage	11 91
Zoll-Auskünfte	4 21 69 27

You're in Düsseldorf. Which number should you dial for the following?

a) the weather
b) road conditions
c) what's on in town
d) travel information

Telegramm

▼

Telegramm   **Deutsche Bundespost**   Verzögerungsvermerke

Datum *18.7.*   Uhrzeit *15.00*   Empfangen von *P.s. Stutg.*   Leitvermerk *L*   Datum   Uhrzeit

Empfangen   Gesendet

Platz   Namenszeichen   Platz   Namenszeichen

Bezeichnung der Aufgabe-TSt *normal*   Aufgabe-Nr. *324*   Wortzahl *27*   Aufgabetag *18.7.* Uhrzeit *1400*   Via/Leitweg

aus   *Stuttgart*

Die stark umrahmten Teile sind vom Absender auszufüllen. Bitte Rückseite beachten.

Gebührenpflichtige Dienstvermerke

=   =

Name des Empfängers, Straße, Hausnummer usw.

Walter Schmidt   Goethestr. 32

Bestimmungsort – Bestimmungs-TSt

Köln

Komme am 23. Juli um 18.00 in Köln an. Bleibe 2 Wochen.
Geht das? Könnt Ihr mich mit dem Wagen abholen, habe
viele Koffer

Gruß   Hans-Dieter

Bei der Aufgabe von Telegrammen bitten wir, folgendes zu beachten:

Bitte schreiben Sie gut leserlich, möglichst in Blockschrift oder mit Schreibmaschine.

Die Anschrift muß vollständig sein; sie muß alle Angaben enthalten, die für die Zustellung des Telegramms ohne Nachforschungen und Rückfragen nötig sind. Eine unvollständige Anschrift kann zur Unzustellbarkeit eines Telegramms führen, die durch den Absender zu vertreten ist.

Wenn die Nummer des Fernsprech- oder Telexanschlusses in der Anschrift angegeben wird, kann das Telegramm schneller und unabhängig von den Dienststunden des Bestimmungsamtes zugestellt werden.

» recycling-papier aus 100% Altpapier «

---

1 Use the telegram above to help you write the following message:
'Arriving in Munich on the 14 March. Will be staying 10 days. Will that be okay? See you at 16.00 outside station'.

2 What is the message of these telegrams?
a) Komme später an – um 19.30 Uhr.
b) Habe den Zug verpaßt, komme mit dem nächsten um 20.000 Uhr.
c) Bin krank – kann nicht kommen.
d) Sind heil angekommen – Sag den Eltern Bescheid!
e) Besatzung der Fähre streikt, fahre nächste Woche.
f) Habe einen Unfall gehabt, keiner verletzt, nur Auto kaputt. Fleige nach Hause.
g) Es ist wunderschön hier. Kann einfach noch nicht kommen. Bleibe noch eine Woche.
h) Grüße zum Geburtstag! Ich hoffe, Du magst das Geschenk!
i) Wir gratulieren zur Hochzeit – alles Liebe!

Geldwechsel ▼

GELDWECHSEL

1 Wechselstube am Hauptplatz (Landesreisebüro, Hauptplatz 40)
Tel. 76 4 56-0
geöffnet **Mo.–Fr.**   8.30–12.30 Uhr und 14.30–18.00 Uhr
          Sa.   9.00–11.30 Uhr
          Sonn- und Feiertage geschlossen
2 Wechselstube am Bahnhof (Landesreisebüro)
Tel. 74 4 56/28
geöffnet **Mo.–Fr.**   8.00–12.30 Uhr und 15.15–17.45 Uhr
          Sa.   8.00–12.30 Uhr
          an Sonn- und Feiertagen geschlossen
3 Wechselstube am Flughafen
Tel. 29 15 41/0
geöffnet **Mo.–Fr.**   6.15–17.00 Uhr
          Sa., Sonn- und Feiertage geschlossen

---

1 Which of the above *Geldwechsel* is open:
  a) earliest during the week?
  b) latest during the week?
  c) at lunchtime?
  d) the longest on Saturday?

2 If you change money in Germany, you will need to be able to understand the receipt you receive when you are given your money. How much information can you extract from the receipt below?

---

von Herrn/Frau/Frl./Familie
___SMITH___

___E48469___

___ENGLAND___

Ankauf
Mindestumtausch

für _1_ Erwachsene _217_ Mark
für _—_ Jugendliche _—_ Mark

Währungsbezeichnung / RS-Nr.	Währungs-Betrag	Kurs	Mark
£	70. —	1 – 3. 10	196. –
Kommission			3. –
			193. –

___R. Smith___   ___27. 11. 90___   _____
Unterschrift des Reisenden   Datum   Unterschrift und
                                                    Stempel der Bank

Im Fundbüro ▼

VERLORENE GEGENSTÄNDE

(Bitte in Druckschrift leserlich ausfüllen)

Name: *Silke Steingeller*

Adresse: *Lutherstr. 142*

5100 Aachen

hat am *6 Juni*

wo: *Haltestelle - Busbahnhof*

folgende Gegenstände verloren:

- Schwarze Tasche mit Fotoapparat, Paß und
Fahrkarten

- ungefähr gegen 10.³⁰

- lag auf einer Bank in der Nähe von der
Haltestelle

Datum: *6. Juni* Unterschrift: *S. Steingeller*

---

1 Use the lost property form above to help you write out the following details:

You have lost a large brown bag at the railway station, on the 3rd of April. Inside the bag were a jumper, shirts, socks, shoes and jeans.

Give details of your name and address.

Fundsachen

● Verlorene Sachen auf einer Fahrt im Zug, auf einem Bahnhof oder im Flugzeug melden Sie sofort dem Bahn- oder Flugzeugpersonal;
● Verluste auf Straßen oder in öffentlichen Gebäuden den örtlichen Polizeibehörden;
● Verluste in städtischen Verkehrsmitteln (Straßenbahn, U-Bahn, Bus) bei den städtischen Fundbüros.

---

2 What should you do if you lose property:
   a) on a plane?
   b) in the street?
   c) on a bus?

Ein Löffel Medizin ▼

Could you cope with the following medical instructions? What are they
telling you? The correct translations are below – no cheating!

1 | Nehmen Sie 3 × täglich 1 Tablette |

2 | Eine halbe Stunde vor dem Essen einzunehmen |

3 | **Nicht für Kinder unter 5 Jahren** |

4 | Bei andauernden Beschwerden bitte den Arzt aufsuchen |

5 | Vor dem Schlafengehen einnehmen |

6 | Verursacht Müdigkeit, deshalb Vorsicht beim Autofahren |

7 | Kein Alkohol während der Tabletteneinnahme |

8 | **Vorsicht!** Bitte Medikamente außer Reichweite von Kindern aufbewahren |

9 | Flüssigkeit vor Gebrauch schütteln |

10 | **Bitte vorgeschriebene Dosis beachten!** |

Link them up ▼

1 Ich fühle mich schlecht.
2 Ich habe Kopfschmerzen.
3 Haben Sie Fieber?
4 Mir tut der Hals weh.
5 Wie geht's?
6 Haben Sie Durchfall gehabt?
7 Sie haben die Grippe.
8 Haben Sie Husten?
9 Haben Sie Magenschmerzen?
10 Haben Sie erbrochen?

– You've got 'flu.
– I don't feel well.
– I've got a sore throat.
– Have you got a cough?
– I have a headache.
– Have you got a stomach-ache?
– Have you been sick?
– Have you had diarrhoea?
– Have you got a temperature?
– How are you?

▷ Link the German phrases above with the correct translation from the
box and put the phrases into the right order to form a dialogue
between a doctor and a patient. Add one or two replies of your own to
complete the conversation.
Practise the conversation with a partner.

Quiz answers

1 Take one tablet three times daily
2 Take half an hour before eating
3 Not to be taken by children under five
4 If symptoms persist, consult your doctor
5 Take before going to bed
6 Can cause drowsiness, take care if driving
7 Do not drink alcohol during the course of tablets
8 Keep medicines out of reach of children
9 Shake before taking
10 Do not exceed the stated dose

Eine Woche aus dem Leben . . . eines Arztes ▼

Mit welchen Problemen haben Ärzte zu tun? Warum gehen wir zum
Arzt? Wir haben einen praktischen Arzt gebeten, die Krankheiten und
Probleme, die am häufigsten vorkommen, aufzulisten. Hier ist der Bericht:

---

1 **Erkältungen und Grippe** – Menschen erkranken das ganze Jahr
  hindurch daran, nicht nur im Winter

2 **Halsschmerzen** – sehr häufig, besonders bei Kindern

3 **Magenschmerzen** – die Ursachen sind vielseitig, von zu viel essen bis
  zur Lebensmittelvergiftung

4 **Kopfschmerzen** – wenn Aspirin nicht hilft, kommen die Leute
  natürlich zum Arzt. Es könnte auch Migräne sein

5 **Husten** – die Ursache könnte auch Zigarettenrauch sein oder
  Umweltverschmutzung

6 **Rückenschmerzen** – dieses Problem kommt öfters vor und verursacht
  Arbeitsunfähigkeit

7 **Gelenkbeschwerden** – diese könnten die Folgen eines Unfalls, einer
  Sportverletzung oder eines Sturzes sein

▷ In what order do the following appear in the above list of common
  medical problems in a typical doctor's week?
  headaches/backaches/sore throats/coughs/
  colds/sprains/stomach-aches/falls

▷ What illnesses do the products advertised here claim to cure?

Fragen Sie Ihren Arzt ▼

Rauchen verboten!

Kluge Menschen rauchen nie. Sie wissen nämlich, daß Rauchen gefährlich ist, denn jede Zigarette schädigt nicht nur die Lunge, sondern auch Herz und Kreislauf. Besonders groß ist die Lungenkrebsgefahr. Ihr raucht hoffentlich nie – einfach weil ihr gesund bleiben wollt. Es kann euch aber passieren, daß ihr den Rauch von anderen Menschen einatmen müßt. Man hat festgestellt, daß passives Rauchen, also Mitrauchen, ebenfalls gesundheitsschädlich ist. Das heißt nicht nur, daß es nach Rauch stinkt, sondern daß eine Gesundheitsgefahr besteht für die, die gar nicht rauchen wollen. Und Kinder sind beim Passivrauchen besonders gefährdet. Wenn ihr also jemanden seht, der in Gegenwart von Kindern raucht, dann fragt ihn, ob er keine Kinder mag. Falls er sagt, er habe Kinder gern, dann bittet ihn, daß er nicht raucht, wenn Kinder dabei sind. Alle Kinder sind gegen Rauchen, das sollen die Erwachsenen lernen!

Iß nicht so viel Süßigkeiten!

1 What is the general message of the passage?
2 What is the warning regarding young people whether they smoke or not?
3 What does the passage suggest people should do to help reduce the problem?
4 What do you feel is the message of the cartoon?
5 What are the objections to smoking listed below?

‚Die Kleider und das Haar riechen danach'
‚In öffentlichen Gebäuden und Einrichtungen sollte es nicht erlaubt sein'
‚Dein Atem stinkt danach'
‚Ich verstehe einfach nicht, warum Leute qualmendes Zeug in ihre Lungen einatmen – ekelhaft!'
‚Es ist mit vielen Krankheiten verbunden'
‚Ich habe keine Lust, den Rauch von anderen einzuatmen!'

Beim Arzt ▼

On the left is a selection of medical problems and on the right are some suggestions that the doctor might make. Link up the problems with the appropriate piece or pieces of advice.

1 Ich habe Durchfall.
2 Ich habe Fieber.
3 Ich habe Halsschmerzen
4 Ich habe Migräne.
5 Ich glaube, ich habe mir das Bein gebrochen.
6 Ich habe mich in den Finger geschnitten.

7 Ich bin hingefallen und habe mich am Bein verletzt.
8 Ich habe mich bei der Gartenarbeit an der Hand verletzt.
9 Mich hat eine Wespe gestochen.
10 Ich habe Zahnschmerzen.

– Gehen Sie ins Bett.
– Lutschen Sie diese Pastillen.
– Nehmen Sie dieses Heftpflaster.
– Ich rufe einen Krankenwagen.
– Ich mache Ihnen einen Verband ums Knie.
– Hier ist ein Rezept, nehmen Sie diese Tabletten dreimal täglich.
– Nehmen Sie diese Tabletten und legen Sie sich ins Bett.
– Ich gebe Ihnen eine Spritze gegen Tetanus.
– Machen Sie einen kühlen Umschlag.
– Nehmen Sie diese Schmerztabletten und gehen Sie morgen zum Zahnarzt.

Role-play practice ▼

▷ With a partner, make up conversations between the characters in the cartoons below.

Kummertante . . . Liebe Frau Irma ▼

Liebe Frau Irma!

Ich bin vierzehn und leide unter Pickeln. Was soll ich machen?

Ich finde es immer schwieriger, mit meinen Eltern auszukommen. Wir streiten über alles, besonders Musik.

Ich habe mich in einen Jungen in der Schule verliebt. Er aber scheint mich nicht zu bemerken. Was soll ich tun?

Ich finde es schwierig, Freunde zu finden, und wir sind gerade in eine andere Stadt umgezogen. Ich kenne niemanden hier. Hilfe!

Ich glaube, ich habe mich in die Freundin meines besten Freundes verliebt. Was soll ich machen?

■ Hab' keine Angst. Das ist nur eine Phase, die die meisten Jugendlichen betrifft. Hab' Geduld, und in der Zwischenzeit, kannst du vielleicht deine Musik durch einen Kopfhörer hören.

■ Vorsicht! Wenn du nur glaubst, du hast dich verliebt, dann hast du dich bestimmt nicht verliebt. Du riskierst alle beide zu verlieren. Also, such schnell eine andere Freundin.

■ Frag mal deinen Apotheker um Rat. Er oder sie wird dich bestimmt gut beraten können. Es ist ein Problem für die meisten Teenager aber es dauert nicht lange.

■ Bleib optimistisch. Gibt es einen Jugendklub in der Nähe? Geh dahin und wenn es auch irgendwelche Interessensgruppen in der Schule gibt, kannst du auch teil daran nehmen. Du wirst dich anstrengen müssen.

■ Die Antwort ist ganz einfach – sprich mit ihm! Lade ihn ein, auszugehen. Nicht zu lange warten sonst verlierst du ihn.

▷ On the left is a selection of problems written to Frau Irma, and on the right are her replies . . . but which reply goes with which problem? Link them up. Do you agree with the advice, and can you think of any extra advice, in German, that you would have given?

Now that you have completed the topic, see how much of the above advertisements you can understand.

What is the advice given by the police?

How much are phone cards?

Which number would you 'phone for travel information?

Vocabulary

The following vocabulary is listed topic by topic and sets out some of the harder words required for the G.C.S.E. examination. This should be revised along with the key phrases in the 'Link them up' and 'Role play' exercises in each topic. For more detailed examination vocabulary lists, consult the individual examination boards.

1 Person to person. . . Personal details

ähnlich similar
allein alone
das Alter age
die Angst fear
die Anschrift address
der Ausländer foreigner
aussehen to look
blöd stupid
böse angry, bad
die Brille spectacles
buchstabieren to spell
doof silly, daft
ehrlich honest
das Einzelkind only child
der Enkel grandchild
enttäuschen to disappoint
erinnern to remember
erkennen to recognise
ernst serious
der Erwachsene adult
faul lazy
fleißig hard-working
frech cheeky
geschieden divorced
das Geschlecht sex
die Geschwister brothers and sisters
glücklich happy
lebhaft lively
ledig single, unmarried
leiden to suffer
lustig funny
der Mädchenname maiden name
männlich male
der Neffe nephew
nennen to call
neugierig inquisitive
die Nichte niece

die Postleitzahl postcode
der Rentner pensioner
schlechtgelaunt in a bad mood
der Schnurrbart moustache
schüchtern shy
die Schwiegereltern parents-in-law
die Staatsangehörigkeit nationality
streiten to argue
unterschreiben to sign
verheiratet married
verlobt engaged (to be married)
die Vorwahlnummer code
weiblich female
der Wohnort the place where you live
zornig angry
der Zwilling twin

2 House and home

der Abfall rubbish
abräumen to clear up
abtrocknen to dry up
abwaschen to wash up
die Anlage system
anziehen to dress
der Apparat apparatus or set
aufstehen to get up
sich ausruhen to rest
die Aussicht view
die Badewanne bathtub
der Bauer farmer
der Bauernhof farmyard
benutzen to use
bequem comfortable
borgen to borrow
die Bratpfanne frying pan
bügeln to iron
bummeln to stroll
der Bürgersteig pavement

die **Bürste** brush
das **Denkmal** monument
das **Doppelhaus** semi-detached house
das **Einfamilienhaus** detached house
der **Einwohner** inhabitant
erwachen to wake up
das **Federbett** continental quilt, duvet
die **Fliege** a fly
der **Fluß** river
der **Fön** hairdrier
der **Friedhof** cemetery
der **Fußboden** floor
der **Fußgänger** pedestrian
der **Gang** corridor
die **Gardine** curtain
das **Gebäude** building
das **Gebiet** area
das **Gebirge** mountain
die **Gegend** region
das **Geschirr** dishes, crockery
der **Gipfel** summit
die **Hausfrau** housewife
der **Haushalt** household
heizen to heat
der **Herd** cooker
das **Hochhaus** block of flats
holen to get, fetch
der **Hügel** hill
die **Hütte** hut
der **Käfig** cage
der **Kamin** chimney or fireplace
die **Kerze** candle
klingeln to ring
das **Klo** toilet
das **Kopfkissen** pillow
der **Kreis** circle
der **Kühlschrank** fridge
die **Lage** situation, position
die **Landschaft** countryside
der **Lärm** noise
der **Lohn** wages
die **Mauer** wall
das **Meer** sea, ocean
der **Mensch** person
die **Miete** rent
der **Nachbar** neighbour
die **Pflanze** plant
der **Rasen** lawn
das **Regal** shelf
schließen to close

die **See** sea
der **See** lake
der **Spiegel** mirror
das **Spülmittel** washing-up liquid
die **Spülmaschine** dishwasher
die **Steckdose** socket
der **Stecker** plug
die **Stehlampe** floor lamp
das **Tal** valley
der **Teppich** carpet
der **Topf** pot
die **Treppe** stair
der **Turm** tower
die **Umgebung** surrounding area
umziehen to move
verlassen to leave
vorbereiten to prepare
der **Vorhang** curtain
der **Wald** woods, forest
das **Waschbecken** washbasin
das **Waschpulver** washing powder
der **Wasserhahn** tap
der **Wecker** alarm clock
die **Wohnung** flat, apartment
die **Zentralheizung** central heating

3 Hobbies and pastimes
anfangen to begin
die **Angelrute** fishing rod
anschließend subsequently
die **Aufführung** performance
aufhören to stop
der **Aufkleber** sticker
die **Ausstellung** exhibition
ausverkauft sold out
der **Badeanzug** bathing costume
das **Badetuch** bath towel
berühmt famous
besichtigen to view
besprechen to discuss
die **Blockflöte** recorder
das **Endspiel** final
das **Ergebnis** result
sich **erkundigen** to inform oneself
die **Ermäßigung** reduction
die **Führung** guided tour
die **Geige** violin
gewinnen to win
gucken to look

klettern to climb
die Mannschaft team
die Messe a fair or a mass
das Mitglied member
die Nachrichten news
der Pfadfinder scout
die Pfadfinderin Girl Guide
der Rang row
rennen to race
der Rundfunk radio
die Sammlung collection
der Schauspieler(-in) actor (actress)
das Schild sign
der Schlager hit song
das Schlagzeug drum/drumset
die Sendung broadcast
der Spaziergang walk
die Spielzeuge toys
die Stereoanlage stereo system
das Taschenbuch paperback
der Teilnehmer participant
der Umkleideraum changing room
die Weltmeisterschaft world championship
werfen to throw
der Zuschauer spectator

4 School and careers

die Abschlußprüfung final exam
abschreiben to copy
der Angestellte employee
die Aufgabe task
ausreichend sufficient
der Beamte official
befriedigend satisfactory
die Berufsberatung careers guidance
berufstätig employed
bestehen to pass
bestrafen to punish
besuchen to visit
der Betrieb firm
der Bezirk district
der Direktor headmaster
durchfallen to fail
der Erfolg success
der Filzstift felt-tip pen
das Gehalt salary
die Gesamtschule comprehensive school
das Gymnasium grammar school
der Kaufmann businessman

die Klasse class
die Klassenarbeit test
der Kugelschreiber ballpoint pen
der Lehrling apprentice
die Leistung achievement
das Lineal ruler
der Lohn wages
mangelhaft unsatisfactory
die Mappe folder
die Mittagspause lunch break
die Nachhilfe private lessons
nachsitzen detention
die Naturwissenschaft natural science
die Oberstufe sixth form
das Pflichtfach compulsory subject
die Prüfung examination
schwänzen to play truant
sitzenbleiben to repeat a year
die Sozialkunde social studies
die Stunde lesson
das Technische Zeichnen technical drawing
die Turnhalle gymnasium
der Unterricht lessons
verdienen to earn
das Wahlfach optional subject
das Werken craft
wichtig important
das Zeugnis school report
das Ziel goal or aim

5 Food and drink

das Abendbrot supper
anbieten to offer
die Apfelsine orange
die Bedienung service
braten to fry
einschenken to pour out
einschließlich (einschl.) including
der Eintopf a stew
die Erdbeere strawberry
die Erfrischung refreshment
das Fleisch meat
die Forelle trout
die Gabel fork
der Geschmack taste
das Gewicht weight
das Hähnchen chicken
das Hauptgericht main course
die Himbeere raspberry

inbegriffen (inbegr.) included
das Kalbfleisch veal
die Kalte Platte cold buffet
der Knoblauch garlic
der Knödel dumpling
das Kompott stewed fruit
der Korkenzieher corkscrew
der Löffel spoon
das Messer knife
das Mus purée, jam
paniert in breadcrumbs
die Praline chocolate
die Rechnung bill
der Rosenkohl brussel sprout
das Rührei scrambled egg
die Schale skin or peel
scharf spicy
die Schlagsahne whipped cream
die Schüssel bowl or dish
das Schweinefleisch pork
der Sekt champagne
die Soße sauce
das Spiegelei fried egg
der Strohhalm straw
das Tablett tray
der Teller plate
die Theke shop counter
die Untertasse saucer
das Wirtshaus public house
die Zwiebel onion

6 Getting there

abreisen to depart
der Abstand distance
abstellen to turn off or to put down
per Anhalter fahren to hitch-hike
Anliegerfrei residents only
der Ansager announcer
die Auskunft information
das Autobahnkreuz motorway intersection
die Baustelle building site
besetzt occupied
bleifrei unleaded
bremsen to brake
dauern to last
der Eilzug express train
die Einbahnstraße one-way street
entwerten to cancel
erlauben to allow

erreichen to reach
der Fahrkartenschalter ticket office
der Fahrplan timetable
das Fahrzeug vehicle
das Flugzeug aeroplane
folgen to follow
freihalten to keep clear
gebührenpflichtig liable to a charge
gefährlich dangerous
die Gepäckaufbewahrung left luggage
die Geschwindigkeit speed
gestatten to allow
gültig valid
hinauslehnen to lean out
der Hubschrauber helicopter
der Kofferraum boot of a car
der Lastkraftwagen lorry
der Lieferwagen delivery van
der Nahverkehrszug local train
die Nebenstraße side street
die Panne breakdown
planmäßig planned
die Raststätte service station
der Reifendruck tyre pressure
der Reisende traveller
rufen to call
der Schaffner guard
das Schließfach luggage locker
die Seilbahn cable-car
die Selbstbedienung self service
der Sicherheitsgurt seatbelt
sperren to block
suchen to look for
überholen to overtake
die Umleitung diversion
umsteigen to change (trains)
der Unfall accident
die Verkehrsstauung traffic jam
sich verlaufen to lose one's way
verspätet delayed
die Vorfahrt priority
die Windschutzscheibe windscreen
der Zusammenstoß collision
der Zuschlag supplement

7 Where to stay . . . Accommodation

die Anmeldung registration, reception
der Aufenthalt stay
ausfüllen to fill in

der **Ausweis** I.D. card
bestätigen to confirm
buchen to book
der **Campingplatz** campsite
das **Doppelzimmer** double room
die **Dusche** shower
das **Einzelzimmer** single room
der **Empfang** reception
das **Formular** form
das **Fremdenzimmer** rooms to let
die **Gastfamilie** host family
der **Gastgeber(-in)** host (hostess)
das **Gasthaus** guesthouse
der **Gasthof/die Gaststätte** pub restaurant
das **Gepäck** luggage
die **Halbpension** half board
der **Herbergsvater (-mutter)** Youth Hostel
  warden
inklusive included
die **Jugendherberge** Youth Hostel
der **Klappstuhl** folding chair
der **Klapptisch** folding table
der **Koffer** case
die **Luftmatratze** airbed
die **Nachtruhe** lights out
die **Pension** guesthouse
der **Portier** porter
das **Prospekt** brochure
die **Reise** journey
die **Reservierung** reservation
der **Schlafsack** sleeping bag
das **Schwarze Brett** noticeboard
der **Speisesaal** dining room
sich sonnen to sunbathe
der **Speisesaal** dining room
der **Stadtplan** map of town
der **Stock** floor (of building)
übernachten to stay overnight
die **Unterkunft** place to stay
der **Urlaub** holiday
die **Vollpension** full board
der **Wohnwagen** caravan
zeigen to show
das **Zelt** tent
das **Zimmer** room
das **Zimmermädchen** chambermaid

8 Holiday time
die **Ansichtskarte** picture postcard

das **Ausland** abroad
der **Austausch** exchange
bedeckt overcast
bestätigen to verify
bewölkt cloudy
bleiben to stay
der **Blick** view
der **Blitz** lightning
das **Denkmal** monument
die **Donau** the Danube
der **Donner** thunder
einpacken to pack
die **E(W)G** the E(E)C
feucht damp
Frankreich France
frieren to freeze
das **Gewitter** thunderstorm
das **Glatteis** black ice
die **Grenze** border
Griechenland Greece
die **grüne Karte** Green Card
der **Hagel** hail
hageln to hail
heiter bright, fine
herrlich magnificent
die **Hitze** hot spell
Italien Italy
Jugoslawien Yugoslavia
das **Klima** climate
das **Mittelmeer** Mediterranean
naß wet
der **Nebel** fog
die **Niederlande** Holland
der **Niederschlag** downpour
nieseln to drizzle
der **Rhein** the Rhine
das **Sauwetter** awful weather
der **Schatten** shadow
der **Schauer** shower
schwül humid, muggy
die **Sehenswürdigkeiten** sights
sich sonnen to sunbathe
Spanien Spain
der **Strand** the beach
stürmisch stormy
trüb overcast
die **Veranstaltung** function or event
verbringen to spend
die **Vereinigten Staaten** the U.S.A.
der **Wetterbericht** weather report

die **Wettervorhersage** weather forecast
Wien Vienna
wolkig cloudy
zeitweise at times
der **Zoll** Customs
zollfrei duty-free
die **Zollkontrolle** Customs check

9 Money matters

die **Abteilung** department
anprobieren to try on
die **Armbanduhr** a watch
der **Ausverkauf** closing-down sale
das **Bargeld** cash
die **Baumwolle** cotton
bedienen to serve
bekommen to receive
bezahlen to pay
der **BH** bra
einkaufen to shop
der **Einkaufskorb** shopping basket
der **Einkaufswagen** shopping trolley
das **Erdgeschoß** ground floor
die **Etage** floor or level
der **Fahrstuhl** lift, elevator
das **Feuerzeug** cigarette lighter
der **Fleck** stain
der **Fleischer** butcher
der **Friseur** hairdresser
die **Gebrauchsanweisung** directions
der **Geldschein** note (money)
das **Geschenk** a present
der **Groschen** 10 Pfennig piece
günstig reasonable
der **Gürtel** belt
der **Handschuh** glove
die **Kasse** a till
der **Kassenzettel** sales receipt
die **Kette** chain
die **Konditorei** cake shop
kostenlos free
der **Kunde** customer
der **Kunststoff** synthetic fabric
der **Kurs** exchange rate
die **Mehrwertsteuer** VAT
der **Metzger** butcher
die **Mode** fashion
die **Münze** coin
das **Obergeschoß** upper floor

die **Öffnungszeiten** opening times
das **Portemonnaie** purse
die **Praline** chocolate
preiswert bargain, good value
probieren to try
die **Quittung** receipt
der **Regenschirm** umbrella
reinigen to clean
der **Reisescheck** travellers cheque
die **Schachtel** box
das **Schaufenster** shop window
der **Schmuck** jewellery
die **Seide** silk
der **Sommerschlußverkauf** summer sale
das **Sonderangebot** special offer
der **Sonderpreis** special price
die **Sonnenbrille** sunglasses
der **Stiefel** boot
das **Taschentuch** handkerchief
teuer expensive
umsonst free
das **Untergeschoß** basement
die **Unterwäsche** underwear
die **Wechselstube** bureau de change
das **Wildleder** suede
zeigen to show
zusammen together

10 Services

die **Allergie** allergy
die **Apotheke** chemist
der **Arm** arm
der **Arzt** doctor
atemlos breathless
der **Bauch** stomach
behandeln to treat
das **Bein** leg
sich **beklagen** to complain
beschreiben to describe
blaß pale
brechen to break
der **Briefträger** postman
drücken to press
durchgehend continuously
sich **erholen** to recover
sich **erkälten** to catch cold
das **Ferngespräch** long-distance call
die **Feuerwehr** fire brigade
das **Fundbüro** lost property office

gehören to belong
die Geldstrafe fine
das Gesicht face
gesund healthy
der Gips plaster
die Grippe 'flu
das Heftpflaster sticking plaster
das Heimweh homesickness
husten to cough
klauen to steal
das Kleingeld change
der Körper body
körperbehindert physically handicapped
die Krankenkasse health insurance
der Krankenschein sick note
die Krankheit illness
läuten to ring
die Luftpost airmail
der Magen stomach
müde tired
die Münzwäscherei coin-operated launderette
niesen to sneeze
öffentlich public
das Ortsgespräch local call
pflegen to look after
die Polizeiwache police station
das Postwertzeichen stamp
retten to save

das Rezept prescription
der Rücken back
der Schnupfen cold/runny nose
die Schulter shoulder
schwindlig dizzy
schwitzen to sweat
die Sorge worry
die Spritze injection
sterben to die
stumm dumb
taub deaf
tot dead
überfahren to run over
überfallen to attack
sich übergeben to be sick
umkommen to die
untersuchen to examine
der Verband bandage
verletzen to injure
die Verstopfung constipation
verunglücken to have an accident
die Wechselstube bureau de change
weh tun to hurt
weinen to cry
die Wunde wound
der Zahnarzt dentist
der Zeuge witness
die Zunge tongue